司马懿

凉月满天◎著

中国致公出版社·北京

图书在版编目（CIP）数据

司马懿 / 凉月满天著. --北京：中国致公出版社，
2023.11（2024.2重印）
ISBN 978-7-5145-2158-0

Ⅰ.①司… Ⅱ.①凉… Ⅲ.①司马懿（179-251）—
传记 Ⅳ.①K827=361

中国国家版本馆CIP数据核字(2023)第170090号

司马懿 / 凉月满天　著
SIMA YI

出　　版	中国致公出版社	
	（北京市朝阳区八里庄西里 100 号住邦 2000 大厦 1 号楼西区 21 层）	
发　　行	中国致公出版社（010-66121708）	
责任编辑	王福振	
责任校对	吕冬钰	
策划编辑	蔡　践	
装帧设计	荆棘设计	
责任印制	杨秋玲	
印　　刷	三河市宏顺兴印刷有限公司	
版　　次	2023 年 11 月第 1 版	
印　　次	2024 年 2 月第 3 次印刷	
开　　本	710 mm × 1000 mm　1/16	
印　　张	16	
字　　数	239千字	
书　　号	ISBN 978-7-5145-2158-0	
定　　价	68.00 元	

序

特别荣幸，司马懿肯走到我的笔下，容我踏马观花，遍览他的一生。

也特别感谢他肯在我的脑子里活起来，让我看见他多面的情志与人性。

我不替他翻案，也不把他打倒在地，再踩踏一万遍。我想从历史的纵横经纬中，挑线绣织出这个人。

不管他好与坏，不管他黑与白。他曾经存在，就有存在的理由。

江河汪洋，星空浩瀚，曾经有一段历史行经秦汉，如许宽阔，却遭遇巨石峡谷，奔腾成激荡的浊流。这就是"天下大势，合久必分"产生的波澜气象：三国。

这是一个五浊黑暗的世界，活着的不得好好活，死去的不得好好死。战乱、急难、瘟疫、兵祸。凡是投生在这个世界的人，都带着莫大的勇气生活，是无双的猛士。

司马懿也投生在此，历他一生的运与劫。

他出生即历战乱，长成又遇征辟，虽托疾称病，却不得不投入曹操麾下。从此历经曹操、曹丕、曹叡、曹芳四代君主。最终，又由他的子孙终结了曹魏天下，开启西晋时代。

漫长的七十余载，他对战诸葛亮，征讨公孙渊，收拾曹爽，绵柔、冷酷、机心，把对头一个个耗死、斩光、杀灭。最终，从岁月深处吹来的猎猎疾风，吹起他的满头白发，带走他的一身朽骨、满心暗黑。

他是五浊宣王，暗黑宗师。

本书在《后汉书》《三国志》《晋书》《资治通鉴》等历史资料的基础上，延展想象，细作铺陈，以简洁的笔触，试图勾勒出乱世里司马懿这个沉默、隐忍而狠辣的人物的轮廓，像白粉笔画的简笔画一样，浮现在历史的黑色幕布上，背后是刀光剑雨。

有一句话，说的是"历史乃是过去的思想在心灵中的重演"。每写一个历史上曾经生动而鲜活的人物，总觉得自己替他们又重新活过一遍，历史不但是过去的思想在心灵中的重演，也是我把自己投身在过去中的体验。

作者能力有限，错漏难免，敬请读者诸君批评指正。

目录

引子：一个强人

第一章　非常之人生非常之世

第二章　既活对错，更活生死

第十四章　念去去，千里烟波

尾　声 / 242

引子：一个强人

三国群雄纷争，一个华丽又充满鲜血的时代。

论排名，他不靠前；论功业，他不靠前；论风评，他当时极靠前，死后极靠后。光鲜亮丽、彩旗飘飘的戏剧舞台上，诸葛亮长髯羽扇，气度淡然，他画一张大白脸，端着大宽肩，嗓子里动不动就发出："嗯嗯嗯嗯嗯——"的声音，然后被诸葛亮耍得团团转。

他就是司马懿。

在那样一个打仗好比吃饭，枕着甲胄睡觉，扛起刀枪上阵，殚精竭虑，惊恐万分，钩心斗角如布中丝、衣中线，丝丝线线都收割寿元的短命时代，他看起来比所有人都活得长——活活地熬死了平生劲敌、身侧同僚，自己的一任、两任、三任君王。

什么是英雄？什么是奸雄？一切不过是立场的问题，人生观、世界观、价值观的问题，角度的问题。所以若是读史，宁读前朝史，不读本朝史；若是看人，宁看过去人，不看当代人。因为它们难以客观。

但是历史亦有一种非常固执的主观气质。

千百年来，人们总是对多思善断心生警惕，对眉毛底下看人怀有恶感。

因为这个，司马懿在戏台子上就被涂成大白脸。

三国群雄，刘备、曹操、孙权、袁绍、刘表、马腾、关羽、赵云……若非司马懿是终结诸葛亮性命的敌对方，民间恐怕连这个人的存在都不晓得，更遑论他身世如何，命运怎样。

可偏偏是这么一个二流人物，却建了一流功业，这不是运气，是命运对他的忍耐与心机的酬谢。

百忍未必成王，诈伪未必称霸，但是二者结合，就出来这么一个家伙。可明明称了王称了霸，却一辈子不会低头看人，仰天大笑——他根本就没有王气纵横过，也没有霸气乱冒过。既没有做成一流的英雄，也没有做成一流的奸雄。

——好成功又好失败，好失败又好成功的人生。

这就是他：不一般的司马懿，不一般的忍中王，不一样的奸诈鬼，不一样的晋宣王。

纵览历史，他也算一个强人。

第一章

非常之人生非常之世

第一节　乱世阳光照不彻黑暗

中国东汉灵帝光和二年（179 年），司马懿出生。

这年二月，"汝南袁氏"家族的司空袁逢被免官。

这年四月，东汉尚书令阳球迁司隶校尉，对专权的宦官曹节、王甫等人大加惩治，战功赫赫的太尉段颎因阿附宦官被阳球弹劾下狱，畏罪自杀。

惜乎灵帝昏庸，不许阳球再任司隶校尉，转为卫尉。宦官的势力如热油遇水，短暂气焰压低后，复转更盛。

司徒刘郃、永乐少府陈球、尚书刘纳等谋诛宦官曹节等人未果，曹节等人向灵帝反诬刘郃等人图谋不轨，刘郃等人被下狱处死，阳球亦死。

……这些纠纠葛葛、恩恩怨怨、生生死死，与司马懿有什么关系？他只是个刚出生的奶娃子。

说没有关系，确乎又有关系，派系杀戮，暗黑诡计，不见青天白日，灵帝自己就是天边一个昏黄的土球，惠不及万物，恩不泽万民。若非如此，哪里轮得到三国风风火火的大戏连台，司马懿也小露一鼻子。

这年十月，巴郡（今重庆北）板楯蛮（古族名，古代巴人的一支）起兵反汉。朝堂恩怨，边境动乱，又有张角、张梁、张宝三兄弟的"太平道"掀起内患，整个朝廷和人间水火连绵。

这是一个乱世。昏黄的阳光照不彻黑暗。

乱世里，曹操开始当东汉的小官，上一些奏疏，进一些谏言。灵帝肯听吗？当然不。奸佞满朝，忠良遭害，这不都是末世气象吗？二十来岁的年轻人，怀着匡扶社稷的梦想，却总被现实打脸。

刘备刚离开老师卢植回家乡，和关羽、张飞拜把子。"这一拜，春风得意遇知音，桃花也含笑映祭台……"十八九岁的小青年，若按现在的时代标准，成熟得太早了些。乱世催人老。

三国三雄，在司马懿出生的那年，有两位已经差不多算是粉墨登场，虽然都还只是小角色，但自有他们的大背景，将来也有他们的大舞台。另一位孙权还在娘胎。

这些家伙是来应劫的吗？

应劫，民间迷信说法，若是世间有大乱，便会有杀星入世应劫，《水浒传》里，梁山泊一百单八将，据说就是被朝廷的无知钦差打开机关，误放出来的天上星宿，犯了杀劫，来世间收割人命，砍瓜切菜。

《红楼梦》里，那样的治世繁华，也有一干好儿女下世应劫，只不过应的不是人世浩劫，是自己的身世情劫。

神仙们本来在天上玩得好好的，一时无聊，想要下凡走上一遭，笑几回哭几回，痒一痒痛一痛，恨一恨爱一爱，借着世间的舞台，逞纵自己的情怀，所以说，凡人其实都是来应劫的神仙吧。

乱象频现间，司马懿也下了凡。

司马懿不是出生在升斗小民之家。

河内郡的司马氏，香火连绵，在河内素有名望。

河内，位于太行山东南与黄河以北，战国时为魏国领地。司马懿的十三世祖司马卬本是赵国的将军，巨鹿之战后随项羽入关。灭秦后，司马卬被封为殷王，建都朝歌。汉二年（前205）三月，汉王刘邦进兵楚地，司马卬投降刘邦，封地成为河内郡。彭城之战中，项羽大败刘邦，司马卬被楚军所杀。

看这行状，不咋的，贰臣。

司马这一支从此就在河内繁衍。数百年后，河内司马氏出了一个司马钧，是司马懿的高祖父，东汉时期将领，于汉安帝时任征西将军。因不肯营救城外被羌人伏击的同僚，导致同僚战死，三千多人被杀，司马钧被下狱，在狱中自杀。

看这行状，也不咋的，气量窄，拎不清。

不过，可以看出来司马家族世代习武。

到了司马钧的儿子司马量，也就是司马懿的曾祖父，不再行武了。司马量做官做到了豫章太守——他做的是文官。安稳做官，安稳辞世。

司马家族开始步下战场，走上朝堂。

到司马量之子司马儁，也就是司马懿的祖父的时代，司马家族在河内名望甚大，儒声甚显，他本人也官至颍川太守。

三代努力，脱去武装，穿上儒衫。

第二节 早年的家教

董仲舒向汉武大帝提出"罢黜百家，独尊儒术"，此后儒家思想一直备受推崇，成为两千多年来中国传统文化的正统和主流。那些熟读儒家经典、站在天子朝堂的士大夫，就自带了睥睨众生的优越感。

到了司马量的孙子、司马懿的爹司马防这一代，司马家已经完全没有了铁血杀伐、领兵布阵的气息。影视作品里的司马防看起来就是一个胆小如鼠的老人，又婆婆妈妈，儿女情长。不对，这不符合他的形象。

司马防就是一个宽袍大袖的士大夫，长一张喜怒不形于色的冰块脸："父防，字建公，性质直公方，虽间居宴处，威仪不忒。雅好《汉书》名臣列传，所讽诵者数十万言。"

司马懿出生的那年，司马防的长子司马朗已经八岁，在河内郡有神童之名。司马懿是次子。

司马防共生了八个儿子：司马朗、司马懿、司马孚、司马馗、司马恂、司马进、司马通、司马敏，俱知名，且每人的别名中都有一个"达"字，时号"司马八达"。

司马防家教甚严，对儿子们十分严厉，"不命曰进不敢进，不命曰坐不敢坐，不指有所问不敢言"。

影视作品里，曹操骂杨修的爹和司马懿的爹："两个不中用的糟老头子，倒生了两个中用的儿子。"司马懿的爹可不算不中用，而且他对曹操还算得上有知遇之恩。

曹操最初做洛阳北部尉，是司马防举荐的。大丈夫恩怨分明，曹操对于给他第一份工作的司马防，心里是记得的。后来曹操牛气了，做了魏王，旧事重提，说你看孤现在还是当北部尉的材料吗？司马防说："过去我举荐大王的时候，你的材料也就只够做一个北部尉。"曹操大笑。

真是一个耿直的人。

司马防的八个儿子，就是在他的冰块脸的威压下，浑身冒着寒气儿过日子的。为什么司马懿那么能忍？估计和他早年的家教有关系。

《儒林外史》里，马二先生有一段话：

> 举业二字是从古及今人人必要做的。就如孔子生在春秋时候，那时用"言扬行举"做官，故孔子只讲得个"言寡尤，行寡悔，禄在其中"，这便是孔子的举业。讲到战国时，以游说做官，所以孟子历说齐梁，这便是孟子的举业。到汉朝用"贤良方正"开科，所以公孙弘、董仲舒举贤良方正，这便是汉人的举业。到唐朝用诗赋取士，他们若讲孔孟的话，就没有官做了，所以唐人都会作几句诗，这便是唐人的举业。到宋朝又好了，都用的是些理学的人做官，所以程、朱就讲理学，这便是宋人的举业。到本朝用文章取士，这是极好的法则，就是夫子在而今，也要念文章、做举业，断不讲那"言寡尤，行寡悔"的话。何也？就日日讲究"言寡尤，行寡悔"，哪个给你官做？孔子的道也就不行了。

就是说，任何时候都要看"脸"，这个"脸"，就是"举业"——也就是当时当地的主流价值观。

春秋时代，看的是"言扬行举"这张脸，孔子做得好，所谓"言寡尤，行寡悔，禄在其中"，所以他这张"脸"长得就好，后人就称他是圣人。

到了战国时，看两片嘴唇包着一个舌头，要会说话，所以孟子历说齐梁，这就是他的举业。

到了唐朝，诗作得好的人，就有官做，受人尊重，这"诗"就是唐朝的脸。

到了宋朝，时兴理学，所以程颐、朱熹就凭这张"脸"被人尊重。

到了明朝，开始兴八股文了，你要把八股文这张"脸"涂脂抹粉打扮得好，你才有官做。

秦朝的暴政苛敛、武力至上，延续为西汉的武功和游侠作风，以武犯禁。到了东汉，士人开始注重宽袍大袖的儒风，更讲究立身的品德与学养。换句话说，开始轻武而重文。所以，司马家的这张"脸"就越长越对了。

科举制度是后来的事，东汉实行的是征辟和选举。我们说一个人有家教，有修养，常说"家学渊源"，东汉是真的有家学的，又有广收门徒的私人讲学，除了这些基层教育之外，各地又有郡学，中央又有太学。

那些太学生，还有全国各地的儒生，激情满满，梦想万千。他们想从政、想做官，可是从政无路、做官无门，因为东汉政权被宦官和权臣把持，谄媚者入仕，清廉耿介者在野。士大夫中出现了一种品评人物的风气，名曰"清议"。

朝中官员也分两党，一为"清流"，一为"浊流"。可是清流抵不过无所不用其极的浊流。

在这样一个清浊激扬、互斗不休、生命与灵魂不停考问每个士子心灵的时代，司马懿出生了。

第三节　董卓跺跺脚，献帝抖三抖

司马懿是含着金匙出生的。

他的长兄——司马防的大儿子司马朗，十二岁就通过考试入了太学，被称为"童子郎"，称得上是极品神童。

司马朗九岁那年，有位算是司马防晚辈的客人来拜访司马防，交谈时称呼司马防的名，司马朗说："慢人亲者，不敬其亲者也。"（"不尊重别人的亲人，想必也不会尊重自己的亲人。"）客人赶紧红着脸道歉。

司马朗十二岁应童子试，因为个子高，监试官怀疑他谎报年龄，他正色回答："我们家人世代都个子高大，我虽然年幼，赶不上我家长辈，但是，虚报年龄，作弊通过考试这种事，可不是我的志气所在。"这几句话说得有理有节、不卑不亢，隐然可见其父那张方方正正的冰块脸。司马防教子有方。

于是司马朗也给司马懿做出了活生生的榜样。

这样的家庭氛围，这样的父兄，司马懿轻佻不起来。他的喜怒不形于色的沉稳心态，也有家学渊源。

乱世好比丛生荆棘，它不允许一粒种子顺理成章地生长、发芽、抽条、开花。

司马懿六岁那年，黄巾起义爆发。

大汉帝国开了锅，青、徐、幽、冀、荆、扬、兖、豫八州告急，数百万黄巾军起兵，如小儿端水，摇荡泼洒。

好在朝廷虽是衰迈，但国家机器动作起来还是挺快，朝廷派遣名将卢植、皇甫嵩和朱儁率领最精锐的力量平定叛乱，黄巾起义即宣告失败。

但是，这一场起义动荡数年，整个东汉王朝都被晃荡松了，历史脱离了固定的螺帽，转了方向，飘向新时代。

张角、张宝、张梁三兄弟死后，黄巾军被打散，但是散而不灭，分成一个个小集团，有的数千人，有的上百万，三四年后重新起事，各自为战，搅得整个东汉帝国漫山遍野都是烽火硝烟。帝国军队左支右绌，捉襟见肘，汉灵帝十分火大。

于是，益州刺史刘焉给汉灵帝出主意，下放军权和行政权给汉朝十三州的刺史们，增加地方政权实力，同时鼓励地方豪强招募私兵部曲。不是强龙压不住地头蛇吗？那就让更大的地头蛇去压住现在的地头蛇。

事实证明，这个主意好，州牧、太守、豪强的拳头硬了，又熟悉地势民情，黄巾起义东一处西一处的火苗被一脚一脚地踩灭了。

汉灵帝高兴了。

但是，这件事情引发的后遗症太严重了。

权力这块大肥肉，落谁嘴里都不愿意吐出来。地方势力增强的结果，就是各地豪强拥兵自重，群雄割据。

对于一个帝国来说，这才是最致命的。

曹操被征拜骑都尉，因镇压有功，升迁为济南国相。

孙坚被举荐为佐军司马，在镇压行动中表现突出，被提拔为别部司马。

刘备因拉起一支乡勇，镇压有功，被任命为安喜县尉。

本来这些人都不会在仕途上有大展拳脚的机会，谁知道命运真神奇，黄巾起义爆发了。

几年过去，司马懿从一个小奶娃变成小儿童，安安稳稳读书，踏踏实实认字。司马朗也从太学结束学业回家，顺便辅导一下弟弟学习。

在他们的安稳生活的外面，残酷的斗争仍旧如火如荼。

一个大魔王站在了权力游戏的顶端。

董卓。

外戚和宦官的权力纷争不断，为了消灭宦官，汉灵帝的皇后之兄何进听从袁绍建议，召西北的董卓进京。

董卓带兵而来，兵行半路，皇宫里面已经形势剧变。宦官头目张让等先设伏杀死何进，然后又反被追杀。其时灵帝已死，汉少帝刘辩和陈留王刘协一起被宦官们裹挟而逃。路上张让被追赶，走投无路，投河而死，可怜的少帝"与陈留王未知虚实，不敢高声，伏于河边乱草之内。军马四散去赶，不知帝之所在。帝与王伏至四更，露水又下，腹中饥馁，相挤而哭；又怕人知觉，吞声草莽之中"（《三国演义》）。

就是这样的乱世。

然后，西凉刺史董卓到了，拥汉少帝回京。

他有西凉铁骑，手里又握住了汉少帝刘辩和陈留王刘协。公元189年9月，董卓废汉少帝，立陈留王为帝，即汉献帝。

董卓跺跺脚，献帝抖三抖。

第四节　董卓面前一番陈词救了一家人的命

再大的威风和霸气也震压不住全天下。

袁绍跑回冀州，组织兵力讨伐董卓。

曹操谋诛董卓不成，奔逃如丧家之犬，路上杀吕伯奢（曹操父亲的好友）一家，还留下一句"宁教我负天下人，休教天下人负我"的话，然后召集人马，讨伐董卓。

于是十几路人马共讨董卓，一场风风火火的连台大戏唱起来了。风大火急，百姓无处存身。

此时司马防在洛阳做官，大儿子司马朗在老家做家长。公元190年，关东群雄讨董卓，司马朗才十九岁。

乱，是一个很可怕的词。

动乱、暴乱，如同狂风，飞沙走石。"轮台九月风夜吼，一川碎石大如斗，风来满地石乱走。"良民四散奔逃，恶人烧砸打抢。

司马懿的家乡温县也大乱。

司马朗携全家进京投奔司马防。

但是，京城是旋涡的中心，更乱。

即使强悍如董卓，也受不了千夫所指。他要跑，迁都。有人劝谏，说恐怕百姓会骚动不宁，董卓大怒："吾为天下计，岂惜小民哉！"把反对的大臣杀的杀，贬的贬，又把洛阳富户抄家灭门，谋取资财。驱赶数百万百姓，抛家舍业，赶赴长安。"每百姓一队，间军一队，互相拖押；死于沟壑者，不可胜数。又纵军士淫人妻女，夺人粮食；啼哭之声，震动天地。如有行得迟者，背后三千军催督，军手执白刃，于路杀人。"董卓身后，火焰

第
一
章

非
常
之
人
生
非
常
之
世

11

冲天，黑烟铺地，人间地狱，不过如此。

司马防眼看着董卓为所欲为，但自己又不好明着反抗。为了护家人周全，司马防让投奔自己的长子司马朗带着家人重回家乡，离开这个是非之地。

威逼强令搬迁的紧急时刻，洛阳全城戒严，兵丁巡逻，城门重兵把守。司马朗带着一家人逃离的时候，到了城门口被扣下了。董卓亲自赶到，要杀鸡儆猴，便指着司马朗说：

"你和我死去的儿子一般大，怎么能这么辜负我！"

司马朗下跪陈情："明公，您有盛德，又有威名，建了如此大的功业。如今兵难日起，州郡鼎沸，郊境之内，民不安业，捐弃居产，流亡藏窜，就算您四关设禁，重加刑戮，仍旧不能断绝。这就是我忧郁不舒的原因。希望明公您能洞察、借鉴过去的历史，稍稍考虑一下。那么您的光辉业绩就将与日月同辉，连伊尹、周公也难和您比肩。"

董卓说："我也明白这个道理，你的话很有意义。"

然后，把他放了。大约也是想起了亡儿，豺狼念亲人，虎毒不食子——被一个青年灌迷汤灌到晕，说明董卓此人残暴之余，好大喜功，兔子尾巴长不了。

司马朗一边给他灌迷魂汤，一边下了判断。

司马朗得了一命，越发知道这个地方留不得，一狠心，一咬牙，散尽家财，贿赂给董卓办事的官员，官员得了重财，开关放人。

就这样，司马朗带领家人出城，重回家乡。

十九岁的青年，有这样的气度、胸襟、勇气，司马防教子有方，司马朗不负众望。有这样的父兄，司马懿又能差到哪里去？

第五节　一句"此非常之人也"让十六岁的司马懿名声大噪

覆巢之下，岂有完卵。大难之中，人人都想拼命保全自己的家，但是，太难。

司马朗虽然带着一家人重返家乡，但是，家乡也不安全了。

离洛阳太近，离兵火太近。讨伐董卓的盟军的最终目标是洛阳，必争之地是成皋，温县在这二地之间，打拉锯战的话，它就是锯下的肉。

还得逃，必须逃。

趁着现在道路还通着，举家迁往乡里姻亲赵威孙处，他在黎阳统领兵马，可庇护大家周全。

这是司马朗提出的方向，他想带着家乡父老一起逃。

但是乡亲们都不肯，想着死也死在老家好了，而且哪至于一定死？只有同县赵咨带着家属和他们一起去了。几个月后，关东诸郡数十万兵丁聚集于此，诸侯纵容兵丁抄家抢掠，百姓死生各半。

人都是恋群的，活就在一处活，死也在一处死，如此好像就不孤孤单单。在这种群羊意识浓厚的情况下，司马朗这个年轻人能够冲破群体意识，毅然带领家族东迁，信心和决断力缺一不可。

所以他以后一路做官到了兖州刺史，自奉俭薄，受军民拥戴，是情理之中的事。

有这样一个大哥，是司马懿的幸运，他既能被护养周全，又有一个成长的标杆。

在黎阳营中，司马朗继续督导幼弟们读书。消息一阵一阵地传来，说的是董卓死了，尸体被点了天灯；说的是吕布逃了；说的是董卓残部内讧，一方劫持皇帝，一方劫持百官，父亲司马防生死不明。

司马朗虽然忧心忡忡，但是面沉似水，不动如山。司马懿也学着大哥的样，面沉似水，不动如山。

如是五年。

好人也修炼成了冰块脸。

后来，关东兵散后，曹操和吕布在濮阳相对峙。黎阳与濮阳相距不远，战乱波及，司马朗带着家属重回温县。当年发生饥荒，百姓相食，司马朗收留、抚恤宗族众人，代替父亲教导诸弟，司马家并没有因为世道衰败而家业凋零。

司马懿十六岁了。

他遇上了杨俊。当时的名士杨俊说："此非常之人也。"

一句话给他定了性。

这就叫"品藻"。

《世说新语》是一本极其有意思的书，里面专门有一章《品藻》，说道：

> 汝南陈仲举、颍川李元礼二人，共论其功德，不能定先后。蔡伯喈评之曰："陈仲举强于犯上，李元礼严于摄下。犯上难，摄下易。"仲举遂在三君之下，元礼居八俊之上。

一句话就分出了二人高下。

所谓的"品藻"，就是有身份地位，又有鉴人本事的人，评鉴别人的行为。一句成王，一句成寇，皆在他一张嘴两片皮。

那个时候没有科举考试，没有硬件可供一较高下，凭的可不就是名人品藻，然后大家口耳相传？

汉朝的人才选拔制度叫作"察举制"，就是由地方考察本地人才后，向朝廷推荐。这考的就是地方官的眼力，而地方官还要依靠一方名流的眼力，所以那个时代，大家都练习怎么看人。

看人准的人也确实很多。

比如评价曹操的许劭。他是东汉末年著名人物评论家，每个月都要对当时人物进行一次品评，人称为"月旦评"。他的一句话，对被品评者的影响极其大。

曹操没有发迹的时候，常常说着好话，带着厚礼，求许劭为自己看一看。偏偏许劭鄙薄他的为人，不搭理他，他干脆就抓个空子威胁许劭。许劭不得已，给他下了十个字的评语："治世之能臣，乱世之奸雄。"曹操欣然而去。

曹操本身就没有什么道德感可言，是重才不重德的一个人，所以对于自己是不是奸雄，他一点都不在乎，他只在乎能不能建一番功业，所以说他能当乱世奸雄，这话让他高兴。

事实证明，许劭眼光毒辣，这句话让曹操一生践行。

司马懿的一生，也在证明自己是"非常之人"。

他的忍功是非常高的。

不过，年轻的时候凡事有大哥罩护，司马懿不需要刻意隐藏实力和想法，能够想什么就说什么。有一回，大哥和客人们在一起谈论，当时在座的崔琰对司马朗来了一句：

"君弟聪亮明允，刚断英特，非子所及也。"

就是说，司马朗已经够出色了，但是，他的弟弟司马懿更出色。

崔琰是当时的名士，相貌俊美，素有威望，"声姿高畅，眉目疏朗，须长四尺，甚有威重，朝士瞻望，曹操甚敬惮之"。《世说新语》里讲一个故事：曹操要见匈奴来的使者，因为自己长得丑，怕被远来的使者笑话，就让崔琰替自己接待来使，他则扮成武士，亲自捉着刀在床头侍立。结束后，曹操派间谍问使者："魏王何如？"匈奴使者回答："魏王雅望非常，然床头捉刀人，此乃英雄也。"

不明真相的使者也深明品藻之味，一句话夸中两个人：崔琰果然长得特帅，曹操果然是大英雄。

崔琰对司马懿如此品藻，佐证了杨俊的话，说明司马懿果然出众。就算他本来不很出众，但是接受这样的心理暗示，他也会自觉地往"非常之人"的路子上走。

第六节　汝之蜜糖，我之砒霜

司马懿开始师从胡昭读书。

胡昭，字孔明。如果他肯出山入仕，也是诸葛孔明一类的人物。

只能说人各有志，汝之蜜糖，我之砒霜。

一个叫惠施的人，在梁国做国相，庄子去看望他。有人却告诉惠施说："庄子来，是想取代你做宰相。"

惠施害怕，派人抓庄子，搜捕了三天三夜。庄子前去见他，说："南方有一种鸟，它的名字叫鹓鶵，你知道它吗？那鹓鶵从南海起飞飞到北海去，不是梧桐树不栖息，不是竹子的果实不吃，不是甜美的泉水不喝。有一次，猫头鹰拾到腐臭的老鼠，鹓鶵从它面前飞过，猫头鹰仰头看着，发出声音恐吓它。如今，你也想用你的梁国来吓我吗？你当我是像你一样的猫头鹰，把腐鼠当美味吗？"

上古有位贤人叫许由，尧想禅位给他。许由不接受，逃走隐居。尧退一步，想任命他做九州长，他没听完就跑到颍水边去洗耳朵，嫌耳朵被这种世俗的声音玷污了。他的朋友巢父牵牛经过，听闻此事，说："你如果一直居于深山，不与世人交往，又有谁会来打扰你呢？现在你这样做，只是故作清高，沽名钓誉罢了，我还怕这水被你污染，牛喝了会害病呢！"说完便牵着牛到上游饮水去了。

一个比一个清高。

但是，古代毕竟想做官的人多。唐朝诗人孟浩然作过一首诗：

八月湖水平，涵虚混太清。

气蒸云梦泽，波撼岳阳城。

欲济无舟楫，端居耻圣明。

坐观垂钓者，徒有羡鱼情。

　　表面是羡慕人家钓鱼的人，实际上是羡慕人家做官的人，委婉地希望做官的人能够替他想想办法，让他好弄个官当当。

　　所以，你说是为官好，还是不为官好？为官不自由，但是地位高；不为官自由，但是仅能与清风明月相伴，虽然不用打卡上班，但是只能做平常人。

　　事实上，哪有什么好与不好？每个人有每个人的真理，满树繁花，有哪一朵是开错了的？

　　陶渊明回了家，喝着薄酒，看着庭院里的树枝，在自家的小园子里转悠转悠，看看天，看看云，看看鸟。天晚了，还不愿回屋。不要高朋满座，不要你来我往，就这么出门访访田野沟壑、林木清泉，和田地里干活的老农聊两句天。他在当时那个社会的价值体系里，算是失败的吧，可是这样的活法却赢得了自己的欢心。

　　曹操是一个活得明白的人，他就是想当英雄，想建功业，所以他不怕被人骂奸雄，说他是奸雄他还挺高兴。胡昭也是一个活明白了的人。所以袁绍让他做官，他不去；袁绍记仇，派人追杀他，他就逃；曹操听说他有本事有才华，也要让他做官，他也不肯，曹操没袁绍那么记仇，放他走了，他一溜烟搬到陆浑山，开小学堂。

　　来求学的，有不少世家子弟，包括司马懿。

　　司马懿也和他哥哥司马朗一样，长得高高大大，鹰视狼顾，看上去就似乎不是清秀善良之辈。且此时年轻，聪明外露，所以遭人嫉恨。一位周生纠集一帮人，想趁司马懿外出的时候，砍了他算了。

　　老师胡昭听说这个消息，大惊，到处寻找这帮惹事的学生，终于截住他们，死死拉住周生，苦口婆心地给他讲道理。周生被他感动，放下屠刀。胡昭还不放心，让他立誓——古人把誓言看得很重，很怕"举头三尺有神明"，于是"昭因与斫枣树共盟而别"。

　　司马懿稀里糊涂摊上一劫，又稀里糊涂躲过一劫。如果没有胡昭，历史书上或许也就不会出现司马懿这个人了。

这样的救命大恩，胡昭见到司马懿，绝口不提（口终不言）。后来司马懿还是知道了这件事情，对恩师的感念之情与日俱增。

亲其师而信其道，司马懿特别特别想走上老师的路子，不光活个生死，还要活个对错；不做贪恋腐鼠的猫头鹰，愿做非竹实不食、非醴泉不饮的鹓鸰。

胡昭享年八十九岁，司马懿死前一年，胡昭才去世。世事轮转，无常变幻，这对师徒终究殊途异路。

第二章
既活对错，更活生死

第一节　司马懿的命运小船撞上曹操
这艘万吨大舰

192 年，原本盘踞在青州的黄巾军余部几十万人开进兖州，刺史刘岱战死。兖州一时无主。东郡隶属于兖州，东郡人陈宫前往兖州，向兖州官员和地方大族游说曹操的才能，并且骑都尉鲍信也在兖州一同游说，由此曹操当了这个兖州牧。当然此时曹操这个兖州牧，并不是朝廷正式任命，而是兖州地方的势力临时"聘任"了他。

当时的曹操没什么根基，没想到他只用了半年就把青州黄巾军招降，收编到了自己麾下，实力大增。

后来张邈和陈宫与曹操产生了很大的分歧和矛盾，两人谋划一同反叛曹操。194 年，趁着曹操出去讨伐徐州的陶谦，他们迎来吕布，想靠吕布赶跑曹操，没想到此计不成，曹操次年即被正式册封为兖州牧。

曹操的一计到如今还被人津津乐道，所谓"挟天子以令诸侯"，这是他手下的谋士毛玠提出来的，原话是"奉天子以令不臣"。这个谋士胆儿肥，敢对曹操说这样的肆无忌惮的话；曹操胆儿更肥，这样的诛灭九族的话他听起来甚是顺耳，竟然采纳了这一意见。

因为他就是不臣，最大的不臣。唯有不臣，才敢奉天子以令不臣，好使自己的不臣名正而言顺。

于是，曹操把汉献帝从洛阳接到许昌供养，从此，他手里握了一张真正的"王牌"，还是大王。

他被小皇帝封为大将军。此后，名正言顺地四处出征，所到之处，皆奉王师之名。

然后，他又把自己的大将军的职位请小皇帝封给讨封的袁绍，然后自己再上一层楼，被小皇帝封为大司空。

但是，袁绍和曹操终有一战。

"汝南袁氏"历代有名，自袁绍曾祖父起，袁氏四代有五人位居三公，袁绍自己也居三公之上，所谓"四世三公"，指的就是他家。董卓祸乱朝纲的时候，他怒冲冲与之相抗。诸方势力争夺之中，他先据冀州，又夺青州、并州，击败割据幽州的公孙瓒，统一河北。他有这个实力和曹操打一仗，而且看见曹操挟天子以令诸侯，他也眼红。

200 年，官渡之战爆发。

袁绍举兵南下，曹操部将人人害怕，曹操却说袁绍志大才疏，胆略不足，刻薄寡恩，刚愎自用，兵多而指挥不明，将骄而政令不一，所以不怕他来打！由此可见，曹操也是善"品藻"的，眼光毒辣。

事实证明，曹操是对的，袁绍败了。袁绍只带八百骑兵仓惶退回河北，曹军先后歼灭和坑杀袁军七万余人。北方从此阿瞒独大。

司马懿的命运小木船，就要撞上他这艘万吨级的大铁船。

曹操和袁绍打得热火朝天的时候，长大成人的司马懿开始上班。

建安六年（201），二十三岁的司马懿出任河内郡的上计掾。郡内各县的户数人口、钱粮收入、财政开支、治安情况比如人犯多少等，都要制作成册，上交司马懿，由他进行核对和验算，然后整理装箱，上交京城洛阳，呈递给司徒。说白了，他就是一个统计员。

干这种工作的，要有好形象，歪瓜裂枣怎么好见京城高官？甚至有时候皇帝还会召见上计掾询问当地情况，歪瓜裂枣、横眉立目惊了圣驾怎好？所以司马懿的相貌起码应当是中人之上。

而且做上计掾还要会说话，口才好。上司若问，他要会答。影视作品里有一个片断，司马懿说官不是好当的，在上司面前，在皇帝面前，要说哭就能哭出来，有话要能巧着说。可见司马懿从小就会说话，所以他能做这个工作。自从做了这个工作，他就更会说话了。当然，也就更会在上司面前表现得乖巧无害了——哪怕是装的。

形象和口才是软件，数学好、心细才是硬件。和各种数据打交道，这个才是最要紧的，万不可出错。

司马懿在这个小吏的位置上兢兢业业地干着。这个人好像从小就没有学会玩世不恭、吊儿郎当，就是那么毕恭毕敬、沉沉默默地工作。需要他说话的时候，他能把话说得很好；不需要他说话的时候，他能安心闭着嘴巴。

此时的他，想的是正正常常地过一份太太平平的小日子，将来说不定谋一个更高的官职，光大一下自家的门楣。当时局平定，有一个不愁吃穿、不遭兵火的晚年，足够。

谁又不是如此想呢？世上人，原本都不是天生心大想吞天。

很多时候，英雄也好，奸贼也罢，是时势造出来的。

谁想到曹操会看上他呢，名士对他的"品藻"起了作用。做大事的人，都要收集幕僚。

所以，曹操就派人去通知司马朗和司马懿到他的司空府效力。

司马朗一口答应。

司马懿却拒绝了。

第二节　人活的不只是生死，还有对错

影视作品里，司马懿毅然决然地用运粮的车轧断了自己的双腿，锥心的疼痛使他"啊啊——"地大叫，宁可忍受肉体极度的疼痛，也要躲避曹操征辟。

他给他的妻子张春华的理由是："人不但要活一个生死，还要活一个对错。"

这话没毛病。

他生活的年代，为圣贤立论的书已经有了，且又有行事高风亮节的恩师做事稳重大气的兄长，他没有道理一开始就心狠。

世人都道曹操威风，司马懿大约当时是不大喜欢这种威风的——挟天子以令诸侯的霸王之气，令人惧，不叫人喜。他一方面是惧，一方面也是爱自由。与其守着腐鼠过日子，不如做鹓鶵高飞。

人生本来就有无数种可能，像虚线纵横在茫茫虚空。你做出的一个一个选择，凝成一个一个的实点，才连缀成你真实的一世生命。

在向左走、向右走的岔路口，历史上，司马懿以风痹为由，拒绝了曹操的征辟。

也有人说他是不愿意跟大哥一同入曹营，毕竟世事变化无常，董卓那么凶横还被人点了天灯，袁绍那么牛气还大败，谁知道曹操什么时候树倒猢狲散。司马家有一个人给他效力就好了，不能所有鸡蛋都放进一个篮子里。

做戏就要做全套。

既是说自己得了风痹，总不能前脚使者刚走，后脚就从炕上下来活蹦乱跳。一大家子人，有主有仆，万一哪个嘴不严，传出去就是个死。再说了，焉知曹操不会派人盯梢？

所以司马懿就真的卧起床来。

事实上，曹操还真的派人去盯了他几天，直到派去的人回去复命，说司马懿真的不能下床，曹操这才罢休。袁绍仍旧是他的心腹大患，此人不除，梦寐难安。于是把这个芝麻绿豆样的小人物丢在脑后。但是司马懿不知道曹操怎么想，一装病就装了七年。

说假话，做假事，假卧床，假得病，像是套了一个假壳子，天天做戏不知道给谁看。他只是一个二十来岁的青年，这种忍功，实属难得。

向曹操推荐司马懿的人是荀彧。

当年刘邦和项羽争天下，项羽摆鸿门宴，有一个人力劝刘邦委曲求全，又替他疏通人情，使他在宴席上安然脱身，此后才有大汉天下。这个人叫张良，字子房，被后世人尊为"谋圣"。刘邦评价这位谋臣说："夫运筹策帷幄之中，决胜于千里之外，吾不如子房。"

荀彧就是曹操的子房，阿瞒的谋圣。这话是曹操自己说的，他说荀彧是"吾之子房"。

荀彧，字文若，早年就被称为"王佐之才"，乱世中避难冀州，被袁绍待为上宾。后来投奔曹操，官至侍中，守尚书令，封万岁亭侯。电视剧里，他被众人口口声声尊称"荀令君"，因为他任尚书令，居于中枢，处理军国大事。

他有这样的尊位，他也配得这样的尊重。战略上，他为曹操规划制定统一北方的蓝图和军事路线；战术上，面对吕布叛乱而保全兖州三城，他出奇谋扼袁绍于官渡，又出险招奇袭荆州；政治上，他举荐贤能，为曹操扩充人才方阵：钟繇、荀攸、陈群、杜袭、戏志才、郭嘉等都是他举荐的——司马懿也蒙他举荐。

只是，理想和现实往往背道而驰。他本想辅佐曹操，由曹操匡扶汉室，谁知道曹操却想取汉而代之，他不想由汉臣变为汉贼，所以为曹操所不容。最终的结局，一说他忧郁而亡，一说他服毒自尽。死时年仅五十。殚精竭虑，下场如此，如春花开了不曾结出秋果，冬雪消融却冰渐溶泄。

影视作品里，因为曹植夜闯司马门，曹操企图拿司马懿的哥哥司马朗顶罪，他深夜往见曹操，说："大王匡扶汉室，忠贞谦让，一片丹心，不可因此事受天下人质疑。"坚持废黜曹植的世子之位，以立曹丕，因为"人之大错，莫过于不忠，不孝"。

曹操反诘："孤加九锡，用天子车驾，戴天子冕旒，立宗庙，开国都，在令君看来，也算是不忠不孝吧？"

荀彧沉默不语。曹操一再追问，荀彧一声"明公"，叫得沉痛："臣二十年前追随明公，就坚信明公会匡扶汉室，拯救黎民。二十年过去了，臣左右支绌，苦心维持，小心翼翼地拿捏着这尴尬的分寸，指望臣的理想和明公的志向可以并存，可是今日，臣明白臣想得太简单了。今日臣只能回答'失望'二字。"

曹操好心酸，道："好一声明公啊，这一声明公叫得又亲切、又生疏。亲切的是，孤想起文若与孤初相识，那一声明公，叫的是希望；生疏的是，二十年后，这一声明公叫得，满是失望。孤在想，令君的失望，是觉得如今的孤，不再是汉臣了。"

"当初明公奉迎天子，以令诸侯，我们共同起誓，永为汉臣，可是今日的明公还是汉臣吗！司空不够、丞相不够、魏公不够、大王也不够，明公想要的是什么，只有一步之遥了。"

"令君这番话，说得孤好汗颜。如若如令君所言，真有一步之遥，你我相行二十年，令君，可还愿意与孤同行？"

荀彧紧咬腮帮子，脸目抖动，艰难地由跪坐而起身，向曹操拱手下拜，道："平乱锄奸，臣可与明公并肩，封王拜相，恕臣不能与大王同行了。"

曹操最终被迫表态："令君爱重孤，孤怎能不知。孤可以终生奉养汉室，也可以永为汉臣。只是，孤原本以为，你我相交相知二十载，是可以倾心托付的。"

荀彧跪下，一拜到底，起身离开。这对亦师亦友、亦公亦私的至交，从此分道扬镳。曹操给荀彧送去空食盒，荀彧悲叹一声，终无汉禄可食，服毒自尽。

什么叫风骨？这就叫风骨。

人活的真的不只是生死，还有自己心里的对错。

所以，司马懿不受征辟，我由衷地觉得，不是出于机巧，而是出于本心。

第三节　他有狠妻张春华

人生初展画卷，被动僵卧病床，这种滋味真是既尴尬又凄凉。

陪他一起冒险的，是他的妻子张春华。

有的影视作品对她的刻画浓墨重彩，如虎似狼，把司马懿刻画成怕老婆的小媳妇样。实话讲，这样的关系是很有趣的。

怕老婆的人都是爱老婆的。所以她生孩子的时候，他着急想要冲进去陪她。平时对她差不多言听计从，极尽耐心。无论她怎么撒泼使性地刁蛮，他都不温不火、耐心地去听。

婚姻之道么，就是要一个急，一个缓，一个躁，一个静。若是都急躁，那就火星子乱蹦；若是都缓静，那就像放慢动作影片。唯有互补，方能搭配。"性相近"的两个人适合做玩伴，性格互补的人适合做夫妻，这两个人做夫妻很合适。

不过，历史大约没有这么美好，据说张春华原本被许配给姑妈的儿子，两家亲上作亲，但是姑夫不肯，觉得张春华为人不好，阴狠，于是退婚。

两年后，张春华已经二十岁，在那个年代，适龄不嫁就是犯法，家人也要受牵连。于是张春华的父亲把她嫁给司马懿。所以，司马家的地位当时应当是远不如张春华家的地位，她也算是下嫁。

张春华不喜欢司马懿，说他有狼顾之相，奸诈阴狠，不适合做自己的夫君。但是最终还是嫁了。这话也传进司马懿的耳朵里面，把他气得半死。

颜值高的人占便宜，这个在任何时代都是通例，长得丑的人就是不受待见。庞统长得丑，所以一开始被刘备轻视。尤其在司马懿生活的时代，名士好"品藻"，长相也是他们品评的一个方面，这一句狼顾之相，可把司马懿的形象给定了型，传播既广，时人见之又警惕避让。所以虽然两个人成了亲，司马懿却对此记了仇，到老，张春华都不受他待见。

他宠幸小妾柏夫人，张春华数落他，他恼羞成怒，骂她"老物"；他生病卧床，张春华去探望，他也不领情，说你不给我好好地哪儿凉快就在哪儿待着，跑我跟前碍眼做什么！张春华羞恨绝食，几个孩子也都不吃饭，吓得司马懿赔礼道歉。做小伏低的司马懿出来后就趾高气扬，说："老东西死了也不值得可惜，我只是担心苦了我的好儿子们。"（史载："其后柏夫人有宠，后罕得进见。帝尝卧疾，后往省病。帝曰：'老物可憎，何烦出也！'后惭恚不食，将自杀，诸子亦不食。帝惊而致谢，后乃止。帝退而谓人曰：'老物不足惜，虑困我好儿耳！'"）

看看。

花儿哪有常开日，人又怎能长少年。百年情分一旦休，回头又是谁家的一百年。

司马懿装病拒绝征召，一次晒书忽遇大暴雨，读书人爱书如命，他忘了"有病"，站起来跑着收书，被一个婢女看到。张春华眉立目横，状如凶神，亲自动手，婢女殒命。

从此家中遣散奴仆，她自己亲做灶下婢。

与夫君共进退是她的贤德，杀人灭口是她的狠断。此女也非常人。

她给司马懿生了三子一女，"司马昭之心，路人皆知"的司马昭，就是她的二儿子。人生事盖棺论定，她是晋宣帝司马懿之妻，晋景帝司马师和晋文帝司马昭的母亲。

正始八年（247年），张春华去世，时年五十九岁。

怎么评断她和司马懿的婚姻关系呢？如非恩爱，怎么会一个孩子又一个孩子地生出来？但是，色衰爱弛，也不见得是完全没影的事。总之夫妻恩爱如枝头点露，美则美矣，经不起光阴流转。

不过，她和司马懿一起笼罩在曹操的巨大阴影之下的时候，一定是恩爱的。外力压迫下，小动物必定抱团，死也死在一起，活也活在一起。这是小人物的悲喜剧。

第四节　根本没他什么事

漫长的七年过去，袁绍死，袁氏家族败。曹操还兵邺城，荣升丞相，扬扬意气：

> 东临碣石，以观沧海。
> 水何澹澹，山岛竦峙。
> 树木丛生，百草丰茂。
> 秋风萧瑟，洪波涌起。
> 日月之行，若出其中；
> 星汉灿烂，若出其里。
> 幸甚至哉，歌以咏志。

何等的大胸怀。

七年里，兄长司马朗也已经当上丞相主簿。

208 年，曹操又想起司马懿。越是得不到的越香甜，也或者是因被任命为丞相西曹掾、主管选拔人才的名士崔琰再一次推荐他，总之，曹操让人继续去征辟，"若再不来，就给我抓起来"（若复盘桓，则收之）。

原来，他知道司马懿是装病，是"盘桓"，是不愿意来。

而且，曹操自己也是个"装"的高手，自然明了其中关窍：当年他游荡无度，他叔叔看不惯，对他爹曹嵩告状，他爹痛责他一顿。曹操就心生一计，看见叔叔过来，马上倒在地上，全身抽搐，状若中风。叔叔吓得赶紧回去告诉他爹，曹嵩吓一跳，跑过来看，曹操早爬起来，眉目复位，安然无恙。他爹问："你叔叔说你中风了，现在没事了？"曹操低眉顺眼地说："儿子从来没有中风的毛病，是叔叔不待见我，所以才这么说的。"曹嵩信了，从此弟弟再说曹操什么坏话，他也不肯听了。

司马懿也明白，不能再装下去了。

装不下去了。

那就走吧。

但是，去便去了，曹操却晾着他。

凭什么委他以重任？凭什么？

曹操手下人才济济，司马懿根本当不了冒尖儿的锥子。曹操又很忙，野心大，敌人多。

所以，司马懿在他这里，不算一棵菜。

其时，曹操最爱重的谋士郭嘉死后，荀彧、荀攸和贾诩是他身边现存的三大谋士。

荀彧士族大家出身，颍川荀氏家族翘楚，眼光毒辣，善相人，善断局势。当初董卓之乱，荀彧时年二十多岁，预见到天下若有战局，颍川必首当其冲，告诉乡人："颍川，四战之地也，天下有变，常为兵冲，宜亟去之，无久留。"

只是，人们都安土重迁，他只能带着自己的家族离开颍川，到冀州避难，后投奔曹操。他心机深细，好谋能断，建奇功，助曹操成伟业，与曹操成为莫逆之交。

荀彧的侄子荀攸也在曹操帐下效力。当初谋诛董卓，有他一份。事泄，被抓入大牢。他的同谋何颙一入狱就自杀了，生怕受董卓的活罪；荀彧在狱里居然等到被董卓释放，可见他背后的家族多么有势力。后来，他也成为曹操麾下谋臣，屡建奇功。

官渡之战时，关云长斩颜良，袁绍又使大将文丑渡黄河，已据延津之上。曹操令粮食辎重沿河堑至延津。"操在后军，听得前军发喊，急教人看时，报说：'河北大将文丑兵至，我军皆弃粮草，四散奔走。后军又远，将如之何？'操以鞭指南阜曰：'此可暂避。'人马急奔土阜。操令军士皆解衣卸甲少歇，尽放其马。文丑军掩至。众将曰：'贼至矣！可急收马匹，退回白马！'荀攸急止之曰：'此正可以饵敌，何故反退？'操急以目视荀攸而笑。攸知其意，不复言。"

袁绍军队到达后，只顾着遍地收揽曹军故意留下的货物马匹，失去了警惕。曹操见状，便下令骑兵上马冲锋，袁军败。荀攸的智计与从父荀彧无差。

至于贾诩，此人不可说也，跟谁谁赢，谁不听他的谁输。

当初原为董卓部将，董卓死后，他献计李傕、郭汜反攻长安，这一杀，杀得东汉稍归平稳的天下又成乱麻。

后来李傕等人失败，他又辗转成为张绣的谋士，献计张绣，两败曹操。张绣归降曹操，也是他劝说的。

官渡之战，贾诩力主与袁绍决战，结果大赢袁绍。

赤壁之战前，贾诩建议曹操安抚百姓，不应劳师动众，曹操不听，大败。

曹操与关中联军相持渭南，贾诩献计离间马超、韩遂，于是曹操一举平定关中。

曹丕称帝后，想动武灭蜀伐吴，贾诩劝他先治理好国家再动武也不迟，曹丕不纳，于是征吴无功而返。

此人精通兵法，著有《钞孙子兵法》一卷，并为《吴起兵法》校注。

这样的一些人在曹操帐下听用献计，哪有后生小子司马懿什么事。

第五节　能忍的人命长

路上车子一过，落叶纷纷翻飞，像热油锅里的黄鱼蹦蹦跳。

一种凄凉的活跃。

走在路上，巴掌大的落叶满铺，踩上去嘎嘎吱吱，一点点爆裂。树叶黄皱起来，像一整匹枯锦裹住树头，一片一片剥落下去。

见了这么多年的风霜雨雪、四季变换，想着早都见怪不怪了，结果不行，见到落叶还是觉得秋声四面连城起。

这是搞文字的人不可避免的毛病，对花落泪，见月伤心。

司马懿一生不曾搞过文字，也没有什么见情怀的文字传世，然而在曹操阵营他的第一个职位竟是文学掾，就是家庭教师，教曹丕读书。

司马懿比曹丕年长八岁，自问教曹丕也教得来，反正他这几年在家养"病"，就是以读书为业。

至于有没有像电视剧里演的那样，他报到后，曹操让他去后院养马，这个于史无载，倒是一些评书话本子上有这样的段子。若是真的，也情有可原，曹操想杀杀这小子的傲气；若是假的，也无可非议，从人的本性出发，曹操不是刘备，刘备不会因为诸葛亮害自己白跑和轻慢自己就放火烧人家的房子，或者狠狠惩治。总的说来，刘备的思想是比较正统的，曹操此人既奸又狠，凡事都干得出来，被人驳了面子，总得想办法找回场子。

当然，像电视剧里那样，曹丕求贤若渴到屡次跑到司马懿家门前苦求他出山帮助自己，这个不准确，于史无载，野史也没有发现蛛丝马迹。

　　曹叡览毕，大惊失色，急问群臣。太尉华歆奏曰："司马懿上表乞守雍、凉，正为此也。先时太祖武皇帝尝谓臣曰，司马懿鹰视狼顾，不可付以兵权，久必为国家大祸。今日反情已萌，可速诛之。"王朗奏曰："司马懿深明韬略，善晓兵机，素有大志，若不早除，久必为祸。"

这是《三国演义》里，曹丕的儿子明帝曹叡当政时，司马懿被同僚翻出来的黑历史。

影视作品里有一个很有意思的情节，就是曹操打发前来应召的司马懿去后院养马，一时好奇，想看看此人是怎样的"狼顾之相"，便故意把棋子丢落在地。清脆的棋子落地声传来，司马懿惊诧回头，一眼扫来，那一瞬间，狼顾、鹰视，绝。

曹操眯细了眼，凝神细察，看到司马懿的眼神，先是眉头锁紧，后又哈哈一笑，打发他出去。曹操的反应，也绝。

两个心眼多的人，碰在了一起。

《晋书·宣帝纪》载：

> 帝内忌而外宽，猜忌多权变。魏武察帝有雄豪志，闻有狼顾相，欲验之。乃召使前行，令反顾，面正向后而身不动。又尝梦三马同食一槽，甚恶焉。因谓太子丕曰："司马懿非人臣也，必预汝家事。"太子素与帝善，每相全佑，故免。帝于是勤于吏职，夜以忘寝，至于刍牧之间，悉皆临履，由是魏武意遂安。

讲的就是这件事，司马懿回头不是像一般人那样连身子一起转，而是身子不动，脑袋向后看，眼神自然不会是平平正正的，姿势不允许，所以是一道寒光像利刃一样成扇面扫出去，是有些吓人。至于被曹操做梦做到厌恶自己，司马懿有点冤。若非曹丕护着他，估计他还真活不长。

司马懿也知道曹操不待见他，但他又不得不活在曹操眼皮子底下，能怎么办？只能战战兢兢，如履薄冰。头悬利剑，百般忍耐求全，于是在自己的职位上兢兢业业，废寝忘食；事无巨细，哪怕"刍牧"——喂马养猪，都细细致致、周周到到、妥妥帖帖。

这样的做派，让人想到慈禧身边的大太监李莲英。

据曾经在慈禧身边贴身伺候的老宫女回忆："在十几年前，东陵马兰峪守陵的堂郎中，过春节给老太后进贡，有一种梨，皮发黑，外表也不漂亮，看起来很难让人生好感，可是吃起来，只要一沾嘴唇，就能感到它又甜又酥、又细又嫩。老太后尝了后，连声说好。宫里管这种梨叫'佛见喜'。后来大家觉得李莲英很像这种梨，他外表长相很难给人好感，可是当起差来，处处想得周到，宫里的行话叫'兜水不漏'，让老太后感到放心舒服，深得太后的喜欢，因此也就背后管李莲英叫'佛见喜'。……这位'佛见喜'也是60多岁的人了，披星戴月，起早贪黑，匆匆忙忙而又有条不紊。老太后有一个主意，他要有十个办法准备着，去迎合老太后，这也就很难为他了。像游湖这样的事，安排得井井有条，严丝合缝，不经过他的深思熟虑是很难让老太后舒心如意的。"

因为司马懿当差伺候得曹丕如意，所以曹丕替他说好话，因为司马懿小心谨慎，曹操抓不着错处，要不了他的命。所以他的安全是打他的谨慎小心处得来的，这样自甘平凡，缩着脖子过日子，都团成一粒球啦，才得保平安。于是一个"忍"字成了他一生的处世哲学。

事实证明，能忍的人命长。

第六节　一人死，三人幸

212年，荀彧服毒自杀。路线之争，或生或死，没得商量。

荀彧好熏香，《襄阳记》载："荀令君至人家，坐处三日香。"

董卓作乱，朝堂之上，赞拜不名，入朝不趋，剑履上殿。荀彧弃官不从。

跟随曹操，是认定曹操能匡扶汉室，所以他甘心在曹操的背后筹划一切，替他运粮、征兵。

这个男人在岁月的深处步步踏莲，遥归沉寂，留给世人的是一个清洁、高尚、沉默的背影。

在他的身上，风骨尽显。

他的死，令司马懿心中惊动。多年之后，司马懿已经遍览风云，仍旧禁不住想起这个人："书传远事，吾自耳目所从闻见，逮百数十年间，贤才未有及荀令君者也。"

时间是一把大砍刀，花茎柔软不堪斫；理想绚烂，与这欲望甚嚣尘上不相容。

司马懿一生隐忍，自甘平庸，未必没有从这样美好而枉死的人身上得到一些教训。

诸葛亮还小司马懿两岁，你看他在刘备阵营，那是何等的恣肆而张扬。司马懿入仕曹操帐下默默无闻、喂猪养马的那些年，诸葛亮早谈笑风生、指挥若定，舌战群儒，赤壁之战大破曹军，立下奇功。因为他的主公是刘备。

司马懿不敢。什么样的领导带什么样的兵。

所以他在能人榜上，始终低人一等。

司马懿的文学掾不知道做了多久，不过他从此便一直是曹丕的人，哪怕一路从文学掾升为黄门侍郎，然后转议郎，再任丞相东曹属，最后做到主簿。

曹操的长子曹昂勇猛顽强，曹操甚喜；三子曹彰粗猛豪壮，曹操甚喜，称他为"黄须儿"。

四子曹植，才高八斗：

> 白马饰金羁，连翩西北驰。
> 借问谁家子，幽并游侠儿。
> 少小去乡邑，扬声沙漠垂。
> 宿昔秉良弓，楛矢何参差。
> 控弦破左的，右发摧月支。
> 仰手接飞猱，俯身散马蹄。
> 狡捷过猴猿，勇剽若豹螭。

边城多警急，虏骑数迁移。

羽檄从北来，厉马登高堤。

长驱蹈匈奴，左顾凌鲜卑。

弃身锋刃端，性命安可怀？

父母且不顾，何言子与妻。

名编壮士籍，不得中顾私。

捐躯赴国难，视死忽如归！

这样的壮怀激烈，读之像看武侠片，国仇家恨都入诗。

美女妖且闲，采桑歧路间。

柔条纷冉冉，叶落何翩翩。

攘袖见素手，皓腕约金环。

头上金爵钗，腰佩翠琅玕。

明珠交玉体，珊瑚间木难。

罗衣何飘飘，轻裾随风还。

顾盼遗光彩，长啸气若兰。

……

美人在他笔下，如工笔细描，光彩照人。

曹操本身有才，他作的诗气势雄浑，沉郁悲壮，对于这个有才的儿子有天然的偏爱。

幼子曹冲，聪颖过人，"曹冲称象"的故事大家耳熟能详，这样的小孩，哪个做爹妈的不爱？

曹丕是他次子。几个儿子比起来：论勇武，曹丕比不上曹彰；论才情，曹丕比不上曹植；论聪颖，曹丕比不上曹冲。曹丕是哪样都占一点，但是哪样都不出众。他是不偏科的好学生。

但是，这样的好学生在爹妈心里不占优势。

一次，司徒赵温向皇帝保举曹丕做官，却遭曹丕亲爹打脸。曹操上奏皇帝："温辟臣子弟，选举故不以为实。"

结果赵温免官，曹丕也没当成官。

曹操岂是举贤避亲的清正廉洁之辈，又岂是避亲求名的沽名钓誉之人。

但是曹操再强也逆不过天。他的大儿子曹昂战死，没有留下儿子。曹丕就有了继承皇位的资格。

就算他想不立长立嫡，世子之位贤者居之，可是他最钟爱、后世人也赞贤德的幼子曹冲，偏偏早死。

曹冲称象，已经足够证明自己的智慧。还有一事，战争年代惯用严刑峻法，当时曹操的马鞍在仓库里被老鼠啃咬。管理仓库的小吏不敢隐瞒，打算反绑双手去自首认罪。曹冲知道后，对小吏说："你等三天以后，再去自首。"

然后曹冲用刀子割破自己的衣服，装出一副闷闷不乐的样子。曹操就问他原因，曹冲回答民间风俗认为老鼠啃咬了衣服，主人就会遇到不吉利的事情。如今我的衣服被咬，因此发愁难过。曹操宽慰曹冲："这是瞎说，用不着苦恼。"不久，小吏向曹操报告了马鞍被老鼠啃咬的事情，曹操笑着说："我儿子的衣服就在身边，尚且被咬，何况是挂在柱子上的马鞍呢？"也就不再责罚小吏的过失了。

《三国志》云："邓哀王冲，字仓舒。武皇帝子，母环夫人，少聪察岐嶷，生五六岁，智意所及，有若成人之智。"他岂是只有成人之智，更有仁德之心。据说，曹冲用自己的智计救下的因犯小错将要遭诛的人不下十个。

这个孩子一定是天使。

曹冲在人间长到十来岁，一病而死。曹操痛哭流涕，对曹丕等几个儿子口不择言："此我之不幸，而汝曹之幸也。"

第三章

作为谋士渐受重用

第一节　身死因才误，坑己坑主公

一花开数叶，谁得占春光？这个事情，决定因素既事关时也、运也、命也，还得再加两个字：志也。

一个人的心志基本上可以决定一个人的前程命运。

这三个弟兄各占胜算几成呢？

曹彰擅用兵，不喜读书。

曹操是个重才不重德的读书人——再不重德，他也没办法挣脱"君君臣臣父父子子"这一套道德准则，明明想自己做皇帝都想死了，但就是迈不出自立为帝这一步，还得寄希望于下一代。所以他是希望曹彰能读点书的。但这孩子不肯听，说什么"丈夫一为卫、霍，将十万骑驰沙漠，驱戎狄，立功建号耳，何能作博士邪？"他的黄须儿的目标是当卫青、霍去病，带十万精兵沙漠驱逐异族，建功立业，不是当饱读诗书的书蠹。

曹操有一次问几个儿子的爱好，让他们各自说出自己的志向。曹彰说："愿做将军。"曹操继续问："怎么做将军？"曹彰说："披坚甲，握利器，面临危难不顾自己，身先士卒，有功必赏，有罪必罚。"曹操大笑：自己这个儿子，就是个上阵冲锋陷阵的料，让他搞智计权谋，不成。

就曹操的疼爱程度而言，曹冲之后，便是曹植，因为曹操和曹植都文艺，都有才气。所以曹操不但通过汉献帝给曹植封侯，还于214年南征孙权之时，命曹植留守邺城。这是给了曹植世子的权力和待遇。

曹丕差点被踢出局外。

若说曹丕有哪一样比众兄弟们强，就是他的心机。这一点曹操也明白。看见曹植，就像看见才情纵横的自己；看见曹彰，就像看见勇猛冲锋的自己；看见曹冲，就像看见最美、最好的自己；看见曹丕，就像看见最暗黑、最有心机、最没有人性的自己。

所以他能对曹丕喜欢到哪里去？

人总是讲要学会接纳自己，但是，接纳自己的光明面容易，接纳自己的黑暗面，即使强大如曹操，也是令人踌躇的事。

虽然他明明知道，这个儿子最适合继承家业。

建安十八年（213），荀彧死，曹操晋封魏王，在大汉帝国的国土上，建了自己的国——魏。他没有指定继承人，却开始给曹丕、曹植两个儿子出考题。

夺嫡之战开始。

两个人的对决，是两个人背后的团队的对决。

曹植的智囊核心是三个人：杨修和丁仪、丁廙两兄弟。这三个人的性情都过于张扬，甚至乖张。

丁仪是个"独眼龙"。他明明有机会做曹操家的女婿——曹操原本想把女儿许配给他，但是因为曹丕嫌弃他有眼疾，表示反对，所以没有做成，曹家女儿嫁给了夏侯懋。所以他对曹丕怀恨在心。

杨修很有才。

《世说新语》载：

> 魏武尝过曹娥碑下，杨修从。碑背上见题作"黄绢、幼妇、外孙、齑臼"八字。魏武谓修曰："卿解不？"答曰："解。"魏武曰："卿未可言，待我思之。"行三十里，魏武乃曰："吾已得。"令修别记所之。修曰："黄绢，色丝也，于字为'绝'；幼妇，少女也，于字为'妙'，外孙，女子也，于字为'好'；齑臼，受辛也，于字为'辞'；所谓'绝妙好辞'也。"魏武亦记之，与修同，乃叹曰："我才不及卿，乃觉三十里。"

曹操爱才，所以曹操喜欢他的才。

但是他屡次卖弄聪明，犯曹操大忌。

> 操尝造花园一所。造成，操往观之，不置褒贬，只取笔于门上书

一"活"字而去。人皆不晓其意。修曰:"门内添活字,乃阔字也。丞相嫌园门阔耳。"于是再筑墙围,改造停当,又请操观之。操大喜,问曰:"谁知吾意?"左右曰:"杨修也。"操虽称美,心甚忌之。

此其一。

又一日,塞北送酥一盒至。操自写"一合酥"三字于盒上,置之案头。修入见之,竟取匙与众分食讫。操问其故,修答曰:"盒上明书一人一口酥,岂敢违丞相之命乎?"操虽喜笑,而心恶之。

此其二。

操恐人暗中谋害己身,常吩咐左右:"吾梦中好杀人;凡吾睡着,汝等切勿近前。"一日,昼寝帐中,落被于地,一近侍慌取覆盖。操跃起拔剑斩之,复上床睡;半晌而起,佯惊问:"何人杀吾近侍?"众以实对。操痛哭,命厚葬之。人皆以为操果梦中杀人,惟修知其意,临葬时指而叹曰:"丞相非在梦中,君乃在梦中耳!"操闻而愈恶之。

此其三。

更要命的是,在夺嫡之战中,他是给曹植出主意的主力。

操欲试曹丕、曹植之才干。一日,令各出邺城门;却密使人吩咐门吏,令勿放出。曹丕先至,门吏阻之,丕只得退回。植闻之,问于修。修曰:"君奉王命而出,如有阻当者,竟斩之可也。"植然其言。及至门,门吏阻住。植叱曰:"吾奉王命,谁敢阻当!"立斩之。于是曹操以植为能。后有人告操曰:"此乃杨修之所教也。"操大怒,因此亦不喜植。

此其四。

修又尝为曹植作答教十余条，但操有问，植即依条答之。操每以军国之事问植，植对答如流。操心中甚疑。后曹丕暗买植左右，偷答教来告操。操见了大怒曰："匹夫安敢欺我耶！"

此其五。

以上种种，都已经在曹操心中积恶甚深，而本人茫然不觉，恃才放旷，不知收敛，于是，就活活地撞在了枪口上：

　　操屯兵日久，欲要进兵，又被马超拒守；欲收兵回，又恐被蜀兵耻笑。心中犹豫不决。适庖官进鸡汤。操见碗中有鸡肋，因而有感于怀。正沉吟间，夏侯惇入帐，禀请夜间口号。操随口曰："鸡肋！鸡肋！"惇传令众官，都称"鸡肋"。行军主簿杨修，见传"鸡肋"二字，便教随行军士，各收拾行装，准备归程。有人报知夏侯惇。惇大惊，遂请杨修至帐中问曰："公何收拾行装？"修曰："以今夜号令，便知魏王不日将退兵归也。鸡肋者，食之无肉，弃之有味。今进不能胜，退恐人笑，在此无益，不如早归，来日魏王必班师矣。故先收拾行装，免得临行慌乱。"夏侯惇曰："公真知魏王肺腑也！"遂亦收拾行装。于是寨中诸将，无不准备归计。当夜曹操心乱，不能稳睡，遂手提钢斧，绕寨私行。只见夏侯惇寨内军士，各准备行装。操大惊，急回帐召惇问其故。惇曰："主簿杨德祖先知大王欲归之意。"操唤杨修问之，修以鸡肋之意对。操大怒曰："汝怎敢造言乱我军心！"喝刀斧手推出斩之，将首级号令于辕门外。

可惜。他的才华绝对不低于司马懿，却忘了"木秀于林，风必摧之"的铁律。

《三国演义》有诗赞他：

　　聪明杨德祖，世代继簪缨。

　　笔下龙蛇走，胸中锦绣成。

开谈惊四座，捷对冠群英。

身死因才误，非关欲退兵。

哪里是因才误，是性情误了卿卿。

不独误了卿卿，也因了卿卿，误了主公——因为他，曹植失了曹操的欢心，曹丕才能上位。才高八斗有何用，坑己坑友坑主公。

第二节　曹丕的谋士们

做大事，团队实在太重要了。前几年大热的古装剧《琅琊榜》中：太子的团队太弱，导致太子最终被废；誉王的团队里有一个美女谋士，给他出谋划策还是很有用，但是最终敌不过靖王那边的梅长苏，于是也落败。靖王的身边有一流的高智商谋士梅长苏、禁军统领蒙挚、南境女帅霓凰，还有外围的言侯父子，和他的高智商母亲静妃，于是他从一个最不受待见的王子，最终成了皇帝。

司马懿在曹丕的团队。虽然他此时已经不再担任曹丕的文学掾，但是，这是他不得不选的队伍，从他担任文学掾时就已经开始。

除了他，还有陈群、吴质、朱铄，四人并称"太子四友"，是曹丕团队的核心。

吴质，为人放荡不羁，飞扬跋扈。《三国演义》中，他首次登场，是藏在大篓子里，偷偷摸摸被运去见曹丕。他首次献计，即始于此：

操与众商议，欲立植为世子，曹丕知之，密请朝歌长吴质入内府商议；因恐有人知觉，乃用大簏藏吴质于中，只说是绢匹在内，载入府中。修知其事，径来告操。操令人于丕府门伺察之。丕慌告吴质，质曰："无忧也，明日用大簏装绢再入以惑之。"丕如其言，以大簏载绢入。使者搜看簏中，果绢也，回报曹操。操因疑修谮害曹丕，愈恶之。

这一计，不但见招拆招，而且还为剪除曹植羽翼杨修出了一把力。

再献计，是教曹丕演戏。一次，曹操出征，曹植写了一篇文章为父送行，吴质跟曹丕说你不用和你弟弟拼文笔，他文笔好。你在你父亲面前什么也不用做，直接哭就得了。曹丕纳其言，在曹操面前涕泣泫然，不舍之情不溢于言而溢于表，曹操大受感动，觉得曹植不如曹丕诚实孝顺。

这一计为奠定曹丕的世子之路起到极其重要的作用——曹操对于曹丕这个儿子的观感一向是机心深重，不真诚，如今这一哭，起到了反转的作用。

只是吴质为人不好，喜拜高踩低，又喜有风使尽帆。220年，曹丕登基伊始，吴质入京朝觐，酒宴上喝多了，命优伶唱戏羞辱上将军曹真体肥、中将军朱铄体瘦。曹真大怒拔刀，吴质按剑而怼："曹子丹，你只不过是屠案上的肉，我吴质吞你嚼你不在话下，不用摇喉动牙，你怎么敢仗势骄横？"朱铄也作色而起："陛下难道是要我们来供你作乐的？"吴质回头叱骂："朱铄，你敢毁坏座席！"朱铄拔剑斫地。事情虽没有闹大，但是得罪曹氏宗亲，又得罪自己同僚，这个人狂得可以。他死后，魏明帝曹叡谥他"丑侯"。他的儿子屡次上书辩诬，称自己父亲冤枉，后来才改谥"威侯"。

陈群，字长文。颍川许昌（今河南许昌东）人，出身名门。早年为刘备效力，后来曹操占了徐州，他又被曹操征辟，为曹操效力。从最初的司空西曹掾属，历任参丞相军事、魏国御史中丞、吏部尚书、尚书令、镇军大将军、中护军、录尚书事等职。曹丕驾崩，陈群是继任者曹叡的辅政大臣，累封颍阴侯。病逝后，谥号"靖"，后配享曹操庙庭——配享宗庙，人臣的无上荣宠。

此人出生贵族之家，素养自然具备，且善相人，料事精准，极具思想和才干。有的影视作品把"九品中正制"选官法制定的功劳安在司马懿的头上，说是陈群起头，司马懿完善和细化，并且推行，这个不准确。这主要是陈群的功劳，而且他还是《魏律》的主要创始人。

至于朱铄，史籍少记载，通过他和吴质在宴席上的对峙和他拔剑斫地，可知此人性急。

司马懿论机灵，比不过吴质；论政见，比不过陈群；脾气，他可能是这四人中脾气最温和的一个。他擅长的是深谋而远虑，一件事情，可以想出好几个预案，可以得一看二想三。

这几个人性情上基本可以兼容互补，智计也可以既顾到眼前，又想得长远。可以说，曹丕最终能够上位，得益于他的谋士团。

曹丕上位，其他文臣也功不可没。

毛玠密奏曹操，说袁绍当年因为长幼废立的问题处理不好，所以落得下场凄凉，提示曹操要小心，不要步其后尘。

刑颙是曹植的家丞，但是他居然和毛玠意见一致。

由此可见曹植待刑颙一般，不交心。说不定曹丕已经把这个人拉拢了。在严父的威压下，在弟弟们的比对下，说一心想上位的曹丕不动机心，谁信？

他不光拉拢敌人幕府的人，对于朝堂文臣，他哪个不去拉拢？关系搞好了，替自己说话的人就多了。

曹操又密询名士崔琰，崔琰却在朝堂上公开谈论立储之事，亮明观点：立长不立幼。且猛夸曹丕，说五官中郎将的种种优点，是世子的不二人选。一下子就把曹操推上风口浪尖，把台面下的事情硬翻到台面上来，这下想再拖延都不成了，如再拖延，或是立储不当，眼看就要酿成大乱。

第三节　樱桃红，芭蕉绿

立储这件事有多重要？立储、争位、造反、夺嫡，一出出宫斗剧全都围绕这个主题铺陈展开，挟裹着无数人的野心、欲望，摧残着无数人的身体、心志。

立储在即，曹丕急了，派人去找贾诩。曹操一定会去问贾诩的意见。

贾诩的回答完全是公式化的："愿将军恢崇德度，躬素士之业，朝夕孜孜，不违子道。如此而已。"

曹丕乐开了花。

贾诩对于曹丕，着实不错。《三国演义》这样写：

长子曹丕，恐不得立，乃问计于中大夫贾诩。诩教如此如此。自是但凡操出征，诸子送行，曹植乃称述功德，发言成章；惟曹丕辞父，只是流涕而拜，左右皆感伤。于是操疑植乖巧，诚心不及丕也。丕又使人买嘱近侍，皆言丕之德。操欲立后嗣，踌躇不定，乃问贾诩曰："孤欲立后嗣，当立谁？"贾诩不答，操问其故，诩曰："正有所思，故不能即答耳。"操曰："何所思？"诩对曰："思袁本初、刘景升父子也。"操大笑，遂立长子曹丕为王世子。

　　除了这些神助攻，曹丕还遇到一个渣对手。

　　他的弟弟曹植干了一件非常不过大脑的事。《三国志》记载："植尝乘车行驰道中，开司马门出。太祖大怒，公车令坐死。由是重诸侯科禁，而植宠日衰。"

　　在古代，皇宫各门，诸侯和天子出入各有不同，其中天子与天子使者进出者即为司马门。简单来说，司马门就是天子和天子代表走的门，旁人不可入，入则死罪。

　　《红楼梦》里，黛玉初到贾府：

　　　　街北蹲着两个大石狮子，三间兽头大门，门前列坐着十来个华冠丽服之人。正门却不开，只有东西两角门有人出入。正门之上有一匾，匾上大书"敕造宁国府"五个大字。黛玉想道：这必是外祖之长房了。想着，又往西行，不多远，照样也是三间大门，方是荣国府了。却不进正门，只进了西边角门。

　　她明明远来是客，为什么不能走正门？因为她身份和地位没到那个份上。而且你看宁府和荣府，都是一样规矩，人来来往往，都走角门，正门开都不开。什么时候正门才开？元春省亲的时候，还有宫内太监来传旨的时候，还有比贾府地位更高的王爵到来的时候。这是礼仪，更是规矩。

　　那个讲究人伦次第、等级森严的时代，擅闯司马门，曹操能饶他一死，已经是厚爱开恩。

曹操曾经说："始者谓子建，儿中最可定大事。"但是，"自临淄侯植私出，开司马门至金门，令吾异目视此儿矣"。曹植彻底失宠。

一手好牌打得稀烂，除了曹植也是没谁了。

但是，为什么一定要把鸟养在笼子里？为什么一定要鱼游上天空？为什么一定要让树扭成病态的盆景？为什么一定要让人活成别人心中的模样？爱写诗，有错吗？喜欢浪漫，有错吗？追求自由，有错吗？

没有啊。

木鱼是用来敲的，金鱼是用来游的。木鱼声声，金鱼听不懂它在说什么。金鱼的嘴巴里不停地吐泡泡，木鱼也觉得这家伙鼓肚皮、大眼睛、脑门长红包，样子好怪哦！

我们的世界注定参差不齐，鲸鱼遨游大海，金鱼遨游鱼缸，鲫鱼生活在小河沟里，若是一只木鱼，庙里自有你的位置。有的人天生就是要从政的，有的人天生是爱交游的，有的人天生喜欢关在房间里写写画画，有的人对处理人际关系有异乎寻常的爱好。人的最大本事不是"到什么山上唱什么歌"，而是知道自己是什么鸟，适合住什么林子。

所以，还是各安其心，各安其命，是金鱼就当一条好金鱼，是木鱼就当一只好木鱼。湖山胜境，湖高山低；云水胜景，云高水低；海纳百川，川高海低。世界樱桃红，芭蕉绿，叠翠参差，沟壑本就无法抹平。

217年，曹丕封世子。

对于曹操来说，大事已定。

对于曹丕来说，宏图将展。

司马懿在想什么？他不说，没人知道。

他和三弟司马孚，如今同为太子中庶子。《后汉书·百官志》有记载："太子庶子，四百石。本注曰：无员，如三署中郎。太子中庶子，六百石。本注曰：员五人，职如侍中。"差不多就算是太子身边的顾问了，贴身给太子提可行性意见和建议的人，非常重要。

他的大哥司马朗，早先已经由丞相主簿升任兖州刺史，征东伐吴时布衣粗食，善视军卒，感染瘟疫，病死军中。他的如父之兄，他的立身和言行的标杆，如今倒了。父亲年老，司马家族如今他一肩挑。

第四节　休教天下人负我

天底下做了王的，和地主老财没什么本质的不同，只不过一个地盘大些，一个地盘小些。地盘小的，自己天天巡视，生怕被人占了地盘去；地盘大的，自己派人天天巡视，同样生怕被人占了地盘去。若是手底下无人可用，他就担心，他就忧虑。

218年，乌丸造反。曹彰被曹操派去讨伐，大胜而归。曹操大喜，捋着儿子的黄胡子大加称赞。

"大风起兮云飞扬。威加海内兮归故乡。安得猛士兮守四方？"刘邦当年建汉，衣锦荣归，也忧虑无人镇守疆土，得猛士是每一个帝王的心愿。曹操对于这个得力的儿子，是骄傲和喜欢的。

次年，刘备兵力渐逼曹魏，孙权也有进攻魏地的打算。更哪堪关羽原本镇守荆州，如今趁魏军大部防备吴军，北上攻打，水淹七军，擒于禁，斩庞德，威震华夏。

曹操震惊了。

他对曹植仍有幻想，愿意重新扶他上马，送他一前程，于是任命曹植为南中郎将，代理征虏将军。但是这个不成器的儿子却在出兵的前一天大醉，误了军情，曹操大骂，撤了他的职。

曹植好喝酒不假，可这次的大醉，是他开始放飞自我之后的寻常一醉，还是被曹丕处心积虑，拉着灌醉的？历史没有定论。但是，曹操从此对他彻底失望。

杨修的死期也到了。曹植扶不起，没必要再留辅臣。杨修死前说："我固自以死之晚也。"他也知道自己个性张扬，屡屡犯禁；他也知道曹操阴险多忌，不容自己。可是他为什么自蹈死路？一方面是他本性如此，拘挛度日太难受；另一方面，他未必不是借着曹植的势，知道只要曹植不倒，自己就有安全绳。如今曹植失势，自己不死何为？

司马懿心里警钟长鸣。

在曹操这样的主公面前，只有一个字：忍！

在曹丕这样的主公面前，只有一个字：忍！

曹丕阴刻多忌不逊于其父，这一点曹操很不喜欢，因为和自己的阴暗的那一面太像。曹操告诫过司马懿一句话，大意是："曹丕阴刻多忌更甚于我，你自求多福吧。"

这是必须的。司马懿没有找死的瘾。

问题是，司马懿如今做的是军司马，曹操的军政副手，曹操用他，是需要他献计献策，不是让他白吃军粮的。

所以他就献了一个计策：进一步加强屯田。

古代地多人少，战争连绵，地荒粮少，于是，从秦汉时期开始，就出现了屯田。

秦始皇派蒙恬率十万精兵，北上攻打匈奴，在黄河以南，"因河为塞，筑四十四县城，临河，徙适戍以充之"。这算是屯田的前身。

汉文帝时，晁错上书，主张招募流民到边疆垦荒。政府给修盖住房，提供农具、粮种，甚至连医生和巫师都给配备上。

汉宣帝时，西北羌人犯边，西汉名将赵充国挂帅出征，决定在边塞屯田，不但节省了大量军费开支、徭役劳作，还加强了边防建设，增加了物资储备。一万多名军士，"留屯以为武备，因田致谷，威德并行"。

屯田虽然不是曹操发明的，不过在曹操这里被发扬光大了，这又得益于司马懿的建议。司马懿说："昔箕子陈谋，以食为首。今天下不耕者盖二十余万，非经国远筹也。虽戎甲未卷，自宜且耕且守。"（《晋书·宣帝纪》）

曹操采纳，魏国一时"务农积谷，国用丰赡"。

外患正炽的同时，曹魏内忧又起。

西曹掾魏讽口才倾动邺城，说服一大帮人阴谋颠覆曹操。幸好曹丕坐镇邺城，及时镇压下去。

但是，曹操很怒。

天子一怒，伏尸百万，流血千里，枭雄之怒，人命亦如草芥，血水如同泉水。关于受魏讽牵连而死的人到底有多少，《三国志》引《世说新语》，说是"坐死者数十人"，但是袁宏在《后汉纪》里写："丞相掾魏讽谋诛曹操，发觉伏诛。讽有威名。潜结义士，坐死者数千人。"

《资治通鉴》也说是"数千人"。

曹操这个人，对于谋反的人，怎么可能心慈手软。当初吕伯奢怎样待他？人家杀猪招待他，他杀了人家全家，还留下了流毒千古的名言："宁教我负天下人，休教天下人负我。"

当初司马懿拒绝了他一次征辟，他记了人家七年，最终还是把人家收归帐下，故意派人家喂马。

第五节　司马懿一计定军心

无论曹操对于曹丕这个儿子满意不满意，如今大局已定，到底是自己的儿子，守的到底是自己处心积虑、东征西讨打下的基业，所以，他要继续替儿子继位扫清障碍。

最大的障碍就是关羽。

关羽啊，是曹操思之而不得的名将。

> 月明星稀，乌鹊南飞。
>
> 绕树三匝，何枝可依？
>
> 山不厌高，海不厌深。
>
> 周公吐哺，天下归心。

全天下人都归了心，关羽也不归心，关羽的心在刘备，不是他曹阿瞒。真喜欢《三国演义》里这些片断：

> 操引关公朝见献帝，帝命为偏将军。公谢恩归宅。操次日设大宴，会众谋臣武士，以客礼待关公，延之上座；又备绫锦及金银器皿相送。关公都送与二嫂收贮。关公自到许昌，操待之甚厚：小宴三日，大宴五日；又送美女十人，使侍关公。关公尽送入内门，令服侍二嫂。却又三日一次于内门外躬身施礼，动问二嫂安否。二夫人回问皇叔之事毕，曰"叔叔自便"，关公方敢退回。操闻之，又叹服关公不已。

> 一日，操见关公所穿绿锦战袍已旧，即度其身品，取异锦作战袍一领相赠。关公受之，穿于衣底，上仍用旧袍罩之。操笑曰："云长何如此之俭乎？"公曰："某非俭也。旧袍乃刘皇叔所赐，某穿之如见兄面，不敢以丞相之新赐而忘兄长之旧赐，故穿于上。"操叹曰："真义士也！"然口虽称美，心实不悦。

曹操给云长做盛护长髯的纱囊，曹操送云长吕布的赤兔马，可是关羽心心念念回归汉营。他替曹操斩了颜良，报了深恩，挂印封金，过五关，斩六将，有人建议追杀以除后患，曹操不舍得，特意追赶送行，又送黄金，又送锦袍，又说"情话"："云长天下义士，恨吾福薄，不得相留。锦袍一领，略表寸心。"又替云长说好话：

> 许褚曰："此人无礼太甚，何不擒之？"操曰："彼一人一骑，吾数十余人，安得不疑？吾言既出，不可追也。"曹操自引众将回城，于路叹想云长不已。

当然在《三国演义》里，关云长最终也报了曹操的恩，华容道蜀军差点烧死曹阿瞒，幸亏关羽"想起当日曹操许多恩义与后来五关斩将之事，不觉动心。又见曹军惶惶，皆欲垂泪，心中越发不忍，于是勒回马头，命众军四散摆开。曹操见关羽回马，便和众将一齐冲将过去……"

后人有诗曰："曹瞒兵败走华容，正与关公狭路逢。只为当初恩义重，放开金锁走蛟龙。"

如今，蛟龙回过头来，要吃关羽了。

就算华容道事件是虚构的，但是曹操对关羽有不杀之恩，关羽斩颜良还之，也算恩义往还。敌对阵营里的恩义往还，还挺令人心动。

但是，敌人就是敌人。

暮年的曹操告诫曹丕，以后不要再把司马懿当朋友，把他当下属。他对曹丕说："孤家寡人不是白叫的。"

为什么君王要称孤道寡？他们身边没有真正的亲人、真正的朋友、真正的性命之交。

也许起初的本心，是把身边人当自己的兄弟亲人，但是，波谲云诡，心也动荡，走着走着，人就渐渐少了。大家一个又一个地死去，死得千奇百怪，死得灰飞烟灭，有十个死十个，有十万个死十万个。死到最后，他忘了他曾有过兄弟，有过同胞。

而对手，也就这样逐渐瓦解冰消。

至于关羽，荀彧都能死，他怎么就不能死？

但是，怎么灭掉关羽，这是一个问题。

其实，起初曹操想的并不是灭关羽，而是躲关羽。

建安二十四年（219），关羽率军围攻樊城，曹仁被打得受不了了，派人向曹操求援。一方面是关羽气势大盛，敌人或死或降，望风而倒；一方面曹操人老雄心在，他想御驾亲征，被侍中桓阶力阻，然后，他就想着干脆迁都吧，以避关羽锋芒。否则，必定面临一场大战。他觉得自己好像打不起也输不起了。一旦荆襄失守，都城许昌必被关羽马踏如尘。

司马懿想：坏了。主上老了，糊涂了。所以，他向曹操进谏：

第一，没必要迁都，因为于禁兵败，不是挡不住关羽，是汉水暴涨的缘故。而且这次失败也没有使我们大伤元气。若是迁都，军心、民心都不稳，长敌人志气，灭自己威风，得不偿失。

第二，关羽不是不能战胜，我献一计，要他的命都有可能。

第六节　谋人先谋心

司马懿献的是什么计呢？

他让曹操许给孙权好处，分化孙、刘联盟。因为虽然孙、刘结盟，但只是外表关系密切，实际上两个阵营谁也看不上谁。所以，我们可以派人劝孙权威胁关羽的后方，好处是答应孙权把荆州南部的土地都给他，这样樊城之围自然解除。

这个计策果然妙，孙权同意了，还派使者来对曹操说："我想要派兵向西攻夺江陵、公安，关羽丢了这两座城池，一定会逃走，这样，关羽对樊城的包围就会自行解除。请对这个计划保密，不能泄露，不要让关羽有所准备。"

曹操问众臣该怎么办，谋臣董昭建议表面上答应孙权，为他保密，实际上要把消息泄露出去，让关羽和孙权互相打，我们坐收渔人之利。

曹操依言而行，关羽败了。

关羽自身骄傲自大，又是坦荡荡的君子，防不住小人。

于是，根本不劳曹操出手，关羽的性命就走到了尽头。关羽兵败退走后，司马懿赶紧建议曹操，让曹仁不要乘胜追击，曹、刘结怨，使孙吴坐收渔利。放他走，让他和孙权斗。于是曹操马上给曹仁下令，让曹仁按兵不动。

关羽败走麦城，被擒。孙权想招降云长，属臣反对：

> 昔曹操得此人时，封侯赐爵，三日一小宴，五日一大宴，上马一提金，下马一提银，如此恩礼，毕竟留之不住，听其斩关杀将而去，致使今日反为所逼，几欲迁都以避其锋。今主公既已擒之，若不即除，恐贻后患。

于是孙权杀了关羽。

孙、刘结下血海深仇，此后搏战不休，国力互相消耗，曹魏真的坐收了渔人之利。

这一切，都得自司马懿的一席话。

从他建议屯田，到他建议分化孙、刘联盟，建议曹操坐收渔人之利，就证明他已经是一个合格的、头脑清晰的、有远见的谋士。

滚滚长江东逝水，浪花淘尽英雄。

孙权派使者把关羽的人头送给曹操，好让曹操高兴高兴。曹操果然很高兴，说："云长已死，吾夜眠贴席矣。"结果他又被司马懿泼了冷水："此乃东吴移祸之计也。昔刘、关、张三人桃园结义之时，誓同生死。今东吴害了关公，惧蜀复仇，故将首级献与大王，使刘备迁怒大王，不攻吴而攻魏，他却于中乘便而图事耳。"说白了，就是孙权要挑事儿，把刘备的雷霆之怒引到曹操身上，双方争战，孙权坐收渔翁之利。

然后司马懿建议曹操将关公首级"刻一香木之躯以配之，葬以大臣之礼"。刘备知之，必深恨孙权，尽力南征。

说实话，司马懿真不是一个君子。他少年时的必读书单里，一定有兵法。

操大喜，从其计，遂召吴使入。呈上木匣，操开匣视之，见关公面如平日。操笑曰："云长公别来无恙！"言未讫，只见关公口开目动，须发皆张，操惊倒。众官急救，良久方醒。

随后，曹操果然设牲醴祭祀，刻沉香木为躯，以王侯之礼，把关羽葬于洛阳南门外，令大小官员送殡，操自拜祭，赠为荆王，差官守墓。

孙权连同关羽的首级一起送来的，还有一通文书：孙权希望曹操能够取汉献帝而代之，自己愿意向曹操称臣。

曹操笑了，大家都打了这么多年，谁心里想什么，都明镜似的，这小子是想把我放在火炉上烤呢。汉家天下，谁篡位谁就是汉贼，千夫所指，人人得而诛之。

但是，这也是他努力了一辈子的愿望，否则不至于逼死荀令公。如今好梦即将成真，怎么办？

他的属臣们轰一声嗡一声，像闻见腥味的苍蝇，纷纷劝进，里面就有司马懿。最后曹操笑叹一声："如果天命真的在孤，孤就做周文王吧。"

周文王姬昌，人生大半时间都是纣王的臣子，他的儿子周武王做了天子后，才追尊他为文王。很显然，曹操也实践了当初他对荀令公的誓言：这辈子都做汉臣。

他没有食言，只不过打了折扣实行。

建安二十五年（220 年）正月，曹操薨逝于洛阳。

民间有人说他是被关羽吓死的，这话不准确。关羽之死，他乐见其成。他一直有头风病，最终，也是死在这个病上。

一生强横，一把枯骨，看不尽的江山风流，阅不尽的人间胜景，谋划不尽的征战杀伐，如今都结束了。

第四章

大汉休，曹魏起

第一节　司马懿不是诸葛亮

曹操不是刘备，司马懿不是诸葛亮。

司马懿未必没有诸葛亮的智计，但是他没有诸葛亮那样神采飞扬。诸葛亮也谨慎，也多谋虑，但是他不畏缩，因为刘备给予他的是全然的信任与毫无保留的欣赏，甚至交托。

司马懿的主公是曹操。曹操对于这个敢于拒绝他第一次征辟的家伙，本身便有意见；又因为他的鹰视狼顾，更有偏见；还因为曾经梦到三马同槽，心里又有疑影。所以他对于司马懿，是找不到理由去杀——司马懿也不会让他找到理由去杀。但是，他也不会毫无保留、放手去用——司马懿也不敢毫无保留、放心去做。

司马懿的头顶始终高悬着两只审视的、多疑的、想挑毛病的、随时准备镇压的眼睛。

在它们的注视下，他想建功业，必须谨言慎行；他想献计策，但是要先保命。想保命，杨修是一个反面典型，所以，反着来就是了：有话不敢全说尽，说到三分即是情；有事不敢不做好，做到百分才完美。

战战兢兢，如履薄冰。

如今，曹操死了，司马懿的克星看上去没有了。

但是，新的克星冉冉升起，因为曹操的后继人是曹丕。

曹操是雄猜之主，大格局、大气象、小心眼；曹丕是阴刻之君，小格局、小气象、小心眼。

所以，司马懿的日子并没有好过一些。

周厉王禁谤，严刑峻法，民间冤苦沸腾，谁敢说不满，一个字：杀。满街密探，遍地巫师，国人不敢再讲国事，见面甚至不敢乱搭腔，走在路上，只以目示意，就算打了招呼——有什么样的父母就有什么样的孩子，有什么样的上司就有什么样的臣民。

但是现在还虑不到这些，曹操死后，又出现变局。

曹丕坐镇邺城，而曹操的遗诏命曹彰由戍守的关中赶回洛阳。

魏王印绶究竟花落谁家？

而且，曹操一死，青州兵也出现哗变，请求解散，要回家种田。

青州兵在曹操统一北方的过程中立下大功勋，有了这支军队，他才萌生了一统天下的理想。最开始的时候，他想的也只是当一个清官，留一个好名声而已。他在类似自传的《让县自明本志令》一文中说："当初被举孝廉时，只是想当一名郡守，得一个清官好名声。"

曹操收降了青州黄巾军以后，开始推行军屯，后来在司马懿的主张下，更加强了军屯的力度。青州兵在许下屯田，在范县、东阿屯田，兴修水利，使军粮无缺。

曹操病死，青州兵"擅击鼓相引去"，一哄而散。众臣都主张严禁流散，流散者讨伐，因为这些人散放民间，个个都是杀人的利器、扰乱社会的好手。但是贾逵却反众臣主张而行之，就是供给他们吃喝，让他们快走。

一招釜底抽薪，维了洛阳之稳。当时曹彰正在赶来的路上，若是他再接管了青州兵权，谁来制衡？老主新丧，新主未立，洛阳想再成为一片焦土吗？

青州兵刚散，曹彰就到了。为了镇守四方，父子难得见面，再见已是阴阳两隔。

曹彰痛哭一场，然后就开始讨要魏王印绶——印绶是至高权力的象征与代表。曹彰果然要谋逆了吗？

谁知贾逵毫不客气地回绝："天子在邺，国有储辅。先王玺绶，非君侯所宜问也。"

曹彰碰了一鼻子灰。

曹彰真的有篡位的心思吗？不见得。他喜欢上阵打仗，自言"好为将"，不喜读书，不善阴谋阳谋，也不喜阴谋阳谋。他要玺绶，是为四弟曹植。若是曹植也有此意，有曹彰大兵扶保，谁胜谁负，真是不可预料。

所幸曹植"辜负"了曹彰的美意，一场篡位危机由于曹植的退让而化解。

曹植天性仁厚，其实适合做一个盛世之君，这也是曹操看重他的一点。可惜，他生不逢时。

在这两次危机中，看不出司马懿起到什么作用——他只负责操办曹操的丧礼。他办得很认真、很精细，事无巨细，靡有疏遗。

这是他这个人的性格和脾气。

第二节　申冤在我，我必报应

曹丕接到司马懿的信，得知曹操身故，号啕大哭。

这个不受待见的孩子总想在父亲面前证明自己，却总是被父亲忽视甚至蔑视。如今长大的曹丕，心里还是那个受委屈不敢申述的小孩。

他一哭就停不下来，好在司马懿已经提前写信知会三弟司马孚，让他规劝曹丕行止，所以司马孚就极力劝止曹丕，请他节哀。司马孚不敢冲曹丕发威，就对着朝堂上恸哭的群臣厉声大喝：

"今大行晏驾，天下震动，当早拜嗣君，以镇海内，而但哭邪！"

其实他的意思是对曹丕说的：大事未定，哭什么，赶紧即位！

于是"孚与尚书和洽罢群臣，备禁卫，具丧事，奉太子以即位，是为文帝"。

当时，有人提出要等汉献帝下诏，然后再办仪式，被尚书陈矫驳回：那边是守着曹操灵柩和玺绶的曹植和曹彰，这边是曹丕，双方对峙，情势多么危急，还等哪门子的诏命哩。

曹丕没有玺绶，所以司马孚请曹操的正妻卞夫人——曹丕、曹植、曹彰的母亲做主，以魏王王后的名义下令曹丕速登王位。

天下没有多少武则天那样的女强人，卞夫人也没有心思把曹丕的位置褫夺，给了曹植——虽然她也更疼爱有才而温厚的这个儿子。于是由她力主，曹丕闪电即位。

过了几天，汉献帝的特使才赶到邺城，向曹丕宣读诏书，任命他为汉丞相、魏王和冀州牧。

半个月后，曹操灵柩才进城。

司马懿扶柩而来。

曹丕的时代开始了。司马懿的时代也开始了。

曹操一死，留下乱局。

曹彰和曹植怎么处理？

尤其是曹彰，这个兄弟太蛮了，又兵权在握，谁知道他会干出什么事来。

所以曹操出殡那一日，曹丕缺席，只命人诵读一篇哀文，一者为哀悼，一者为解释：之所以不出席葬礼，是因为臣子们建议我以国事为重，不可过于哀毁。

事实上大家都知道是怎么回事。

葬礼一结束，他马上下令兄弟们都回封地，无事不许出来——相当于高规格、低密度的圈禁。曹操当年给十四个儿子全都封了爵，如今这些兄弟都被曹丕赶了出去，重点就是曹植和曹彰。

解除了最强大的威胁，下面才是报恩和报仇的事。

人心分两半，一半是仇怨，一半是恩义。活在人世间，种种纠葛牵绊，不可能心无波澜。在人与人的关系中，想当完完全全的圣人也是极难。人活一世，快意恩仇永远是不容易但是又极令人向往的事。"申冤在我，我必报应"，听起来都十分过瘾。

曹丕在这红尘俗世中打滚，"恩义于我，我必报答""申冤在我，我必报应"这样的理念，他贯彻得十分彻底。

曹植的羽翼丁仪兄弟，丁仪明知曹植失势，自己没了活路，但他没有自杀的胆子，所以去见任中领军的夏侯尚，哀哀叩求。夏侯尚心有恻隐，却爱莫能助——曹丕阴刻险狠不是什么秘密，否则何至于曹操一直就不喜欢他这个儿子？

曹丕下旨着人去丁府拿人，使者一到，发现丁仪早吓得面色如土，生不如死。他和他的弟弟丁廙，还有丁氏家族的所有男丁，被一并斩杀。

然后是报恩。

司马懿被封为河津亭侯。

秦代军功爵的最高一级，原名"彻侯"，后避汉武帝刘彻讳，改为列侯，又叫"通侯"。列侯有食邑（即封地），根据食邑大小，列侯又分为县侯、乡侯、亭侯。其中县侯级别最高，如袁绍被封为邺侯。食邑过万户者又俗称万户侯。乡侯比县侯低一级，如张飞被封为西乡侯；亭是乡下一级的行政单位，刘邦就曾任过亭长。亭侯是以一亭或数亭为食邑，如关羽为汉寿亭侯（汉寿为亭名）。蜀汉阵营里的诸葛亮做到了武乡侯，和张飞的侯爵是一级，关羽和司马懿同级，都比诸葛亮他们低一级。

对于现时的司马懿来说，已经非常不错了，毕竟新主当前，寸功未立。目前的爵位算是此前对曹丕忠心耿耿的付出的回报。

他的官职也升了，做了丞相府长史。

没过多久，又被封为督军御史中丞，开始执掌实权。

御史中丞在汉朝为御史大夫的次官，或称御史中执法，秩千石，掌兰台图籍秘书事，综领十三州刺史和侍御史，指挥他们监察天下郡国官吏、审计上报的各类文件账簿等，对三公、九卿有弹劾之权。

督军御史中丞，显然司马懿做的是监军一职。先参政，又监军，曹丕对于做人谨慎、做事妥帖的司马懿，显然非常信任。

贾诩被封为太尉，陈群被封为昌武亭侯、尚书，吴质和朱铄也各有封赏。陈群作为吏部尚书，改革了用人的察举制，提出了"九品官人法"，也就是九品中正制。在用人选人的制度上，上承两汉察举制，下启隋唐及其以后的科举制，对于遴选人才，迈进一大步，作用至伟。

第三节　其父之肖子也

人活一世，都有友有敌。朋友需要善待，仇敌需要小心。除此之外，还需要有自己的势力。就像一棵树，总得有根根须须。茎干不够壮实的，还需要支几根木头杠子。

密友和仇敌该封的已封，该罚的已罚，曹丕下一步就是拉拢和树立自己的军事势力。

他曹家将领中，夏侯惇被任命为大将军，曹仁被任命为车骑将军，总督荆、扬、益三州军务。

在异姓将领中，张辽被任命为前将军，张郃被任命为左将军，徐晃为右将军，臧霸为镇东将军，分别驻守于陈郡、陈仓、宛县、青州四个军事要冲。

既拜将，又封侯，这帮老人一下子对曹丕死心塌地。

安抚和巩固了父亲手下的军事干将，曹丕又将夏侯尚封为平陵亭侯，拜散骑常侍，迁中领军；曹休为领军将军，封东阳亭侯；曹真拜为镇西将军，总督雍、凉州军事，封东乡侯。这些都是他的平辈，是他的军事新势力。

恩与仇、义与利、得势与失势、打压与扶植，曹丕恐怕在心里演算过无数遍了吧，所以如今才能够如此一板一眼，一寸一进，稳定、冷酷而清晰。

内事半定，外忧未央。

当初孙权和关羽在襄阳、樊城打仗，水淹兵火，两座城池残破不堪。虽属魏地，它们却在孙权军队刀兵可及的地方。而且孙权吞下荆州后，也确实有攻占樊城和襄阳的打算，虎视眈眈。

国力不强，防守左支右绌。曹丕想：罢了，这两座小破城，不要了。退守宛城，收缩防线。

司马懿说：不可。

曹丕说有什么不可。

司马懿说："孙权不会执意武力索夺襄阳和樊城，因为他原本和蜀联盟，如今杀了关羽，刘备恨不得食其肉饮其血，他如今是孤家寡人，急于找联盟，不会来找碴儿。襄阳是水陆要冲，不可轻弃。"

曹丕不听，满朝文武也鼓噪着反对司马懿的论点，司马懿平静地一笑，不再说话。

他始终都不是那种大张旗鼓、唾沫星子横飞地推行自己观点和主张的人。他的主意形成在脑子里，存在肚皮里，有十分说一分。

于是曹丕命令守将曹仁，把襄阳、樊城一把火烧掉，然后退守内线。

于是，忙着和刘备放对、刻意回避曹魏的孙权白捡了两座城池。

曹丕怒了，扬言亲征，去打孙权。

搞什么！他的度支中郎将也怒了：先王新丧，新王守孝，正宜谨守稳静，怎么能如此大肆兴兵。可他劝谏的结果是，曹丕把他杀了。

然后，挥师南征。

曹丕一直活在曹操的阴影之下，曹操的威力既压迫着他，又激励着他。想当初曹操挥师，那是多么勇猛，那是怎样威风。得万民敬仰，就连皇帝都不敢反对他的意见，不敢对他有一丝一毫的不敬重。

骑在马上，身穿甲胄，这一瞬间，他恍然感觉，自己变成了父亲。

也一瞬间明白了父亲的心：打一仗，得一功，皇帝给自己晋晋爵，加加官，一步一个台阶，多么便宜，多么方便。

如今曹丕已经是汉丞相、魏王、冀州牧，他还想咋样？

反正无论咋样，他都要带兵出征，踩着别人的尸体，重现父亲的荣光。不得不说，他真是其父之肖子，曹操的雄心、猜忌、狠辣无情，他暗暗地学了个十足。

曹丕这次不过是炫炫武力，锻炼锻炼新将领，震慑震慑老家伙们，比如臧霸。

黄巾起义时，臧霸从属陶谦，后来收兵于徐州，自成一方霸主。曹操讨伐吕布时，臧霸等曾带兵往助吕布。吕布被擒后，曹操搜得臧霸，不杀，以臧霸为琅琊相，割青、徐二州委任于臧霸。

他独霸青、徐，自有武装，代表一股半割据的势力。一次，曹操手下两个将领叛乱，跑到臧霸的地盘上寻求庇护。曹操并没有直接给臧霸下令，他知道他使唤不动，就让刘备做中间人，请臧霸把这两个人交出来。臧霸直接拒绝：

"霸所以能自立者，以不为此也。霸受公生全之恩，不敢违命。然王霸之君可以义告，愿将军为之辞。"

曹操死后，闹着要返乡的，就是臧霸送给曹操以表忠心的军队。人家的老家就在青、徐二州，曹操一死，他们自然愿意作鸟兽散，回老家耕田。

也幸而贾逵应对得法，未曾激起兵变。

青、徐二州紧挨孙吴前线，臧霸这股势力对于曹丕来说，足够他吃不香睡不安。

所以，他一继位，封罢同姓将领，马上把异姓将领也大封一番。

再加上这次亲征，向臧霸示示威，让他安分一些，这样的意图很明显。

目的达到，收兵。

第四节　曹丕开始亮"实力"

古人的三观是一种很奇怪的东西。

古人讲究仁、义、礼、智、信，风骨、忠诚也念念在心，但是，又有"忠臣择主而事，良禽择木而栖"的说辞。总之，是正说正有理，反说反有理，想方设法给自己的做法找到理论依据。哪怕是残杀，也要心里过得去；哪怕是背叛，也背叛得有道理。

所以我们读史就是看戏。读的是冠冕堂皇，看的是人心鬼蜮。

曹丕这次蛮赚的。他亮了亮实力，于是西部的氐王杨仆脱离刘备，归顺曹丕；刘备手下大将孟达也背叛刘备，归顺曹丕。

孟达原来是刘璋的人，后来归顺刘备。当初他与刘备的养子刘封一起镇守上庸，关羽败亡之时，他见死不救，触怒刘备。曹丕南征的气派让他下了决心，带领部曲投奔了去。

曹丕第一次南征就收这个大礼，一口气给孟达封了一串官位：散骑常侍、建武将军、平阳亭侯，又把上庸、新城、房陵三郡并为一郡，让他做太守——只不过这个太守是个虚位，这三郡如今都在刘备手里，你想做太守，要凭本事夺来。

谋士刘晔反对，怕的是孟达走投无路，为利所驱，才来投奔，将来反水，祸患不小。

曹丕不理。

丞相长史司马懿也说话了：此人"言行倾巧，不可任"。

曹丕也不理。他说我不重用孟达，怎么吸引四海八荒的人才来归？然后他派徐晃、夏侯尚协助孟达进攻上庸的刘封，孟达领命。

司马懿不再说话。他这辈子估计死也干不了死谏、死忠的事。这个人像是一潭阴深的水，绕石下坡，随高就低。

大军回程，路经谯县，欢宴竟日。这是曹家故宅，新王要勒石记功，需要有人作碑文。

于是曹丕想起了曹植。

帝王家的兄弟，还算不算兄弟？

莫说是兄弟，古代帝王家的父子也不算父子，夫妻也不算夫妻，你砍我杀我，我谋你害你。

少年时读《郑伯克段于鄢》，郑武公的老婆给他生了两个儿子，长子姬寤生，次子姬叔段。母亲喜欢小儿子叔段，但要由长子继承国君之位。这个君位，叔段也想坐。于是有一年，叔段起兵，母亲做内应，攻占国都新郑。

可是寤生也不傻，他一次次纵容弟弟胡来，表面上看兄弟友爱，实则是纵容他的狂悖，令他多行不义以自毙。结果叔段造反，他的麾下和百姓一个个逃离，寤生不费一兵一卒，平定了"共叔段之乱"，弟弟叔段流亡，客死异乡。

帝王家的母子都不是真正的母子。

南北朝时期，南朝宋孝武帝去世，皇太子刘子业继位，改元永光。他不仅把自己姑姑和亲姐姐纳入后宫，更是连生母病重也能口出一句"病人间多鬼，可畏，不去"。

他已经不讲人伦，更遑论兄弟，年仅十岁的幼弟刘子鸾被他赐死，死前留言："愿后身不再生于帝王家。"

不知道曹植面对曹丕，心里生出什么样的感觉。反正他是用心用意替哥哥作了一篇碑文，"魏黄初中阙里记，曹植撰文，梁鸿书丹（鸿字伯鸾，与妻孟光共入霸陵山中，以耕织为业，弹琴咏诗自娱。字入能品，王羲之师其八分），钟繇手勒，号三绝碑"。

至于世人广为传诵的曹植七步诗，必定是曹丕即位之后的事。想起来当初父亲处处爱着这个弟弟，却不待见自己，又想着将来这个弟弟未必不会取自己而代之，干脆找个借口杀掉了事，于是命他在七步之内作诗一首，作不成就处死。

亏得曹植才思敏捷，这样的高压之下，还能作出诗来：

> 煮豆持作羹，漉菽以为汁。
>
> 萁在釜下燃，豆在釜中泣。
>
> 本自同根生，相煎何太急？

曹丕像一个失忆的人被唤回了年代久远的回忆，想起来他们曾经是好兄弟，于是放过曹植。

主要是，他想要的都得到了。他不恨了。

不再恨父亲偏心，父亲再偏心还是传位给了他。

不再恨弟弟擅宠，弟弟再擅宠还是低下了高贵的脑袋。

不再恨世界不公，他得到了人们的拥戴、对手的尊敬、亲人的仰望、臣民的顺从。

就像《渔夫和金鱼》里的那位渔夫的老婆，她最开始也许只想要一个新木盆，谁知道一点一点地，就想到要当女王呢？曹丕最开始也不过想要多得一点父亲的关爱，多被世人看到一些自己的价值，如今一点一点地，谁想到自己竟然能够迈过那一步之遥，做成那至上至尊的人？

所以，他离开谯县，来到曲蠡，驻兵于此，既不前行，也不后退。

在汉献帝的眼皮子底下，耀武扬威。

司马懿知道，曹丕要搞事了。

第五节　曹丕要搞一出禅让的好戏

当帝王，怎么说呢，就是好。

好到永远受人关注，自己一咳一唾都能被人解析出什么深意，甚至罗列出一二三四。所以世界上永远不缺向往帝王之位的人，因为帝王可以享受无与伦比的资源和关注。

但是，被边缘化的人，心理上会出现两个极端：一是被边缘得习惯了，开始享受被边缘的、默默无闻的好处；一是被边缘得太狠了，开始不择手段钻到权力中心，好享受被关注和被吹捧的好处。

曹丕显然是后者。

他做了王。

巴结他的人真多，巴结的方式也花样百出。但是无论是谁，再怎么巴结，也是竭尽全力顺着他的本心来的。

于是，就有人劝进了。

劝进的人，也要搏一搏：

一搏曹丕对汉王朝没有那么忠心——他爹曹操一辈子做汉臣，又受忠于汉家朝廷的忠臣的掣肘，拉不下脸来取汉而代之；而他不同，和汉家朝堂没什么情分。

二搏自己的仕途可以前进一步。

而劝进的这个人的确是一个小官——左中郎将李伏。他上表上得含意晦涩，但是马屁拍得哐哐响：

"定天下者，魏公子桓，神之所命，当合符谶，以应天人之位。

"殿下即位初年，祯祥觸瑞，日月而至，有命自天，昭然著见。"

他说的符谶也好，祥瑞也罢，都是劝进的抓手。

有心的人，看见一块土坷垃也可以说成黄金。《三国志·曹丕传》还真的煞有介事，说早在汉灵帝熹平五年（76年），谯县上空出现了黄龙，有人说："以后必有称王的人在这里诞生，不到五十年，还会有黄龙出现，天象经常和人事相应，这就是天人感应。"到了延康元年（220年）三月，黄龙又在谯县再现。

又说曹丕大军停驻在谯县，魏王在城东设宴，犒赏六军和谯县的父老乡亲，结果石邑县报告说大群凤凰翔集。

如此种种，都被拿来当成抓手，向曹丕劝进。

曹丕的反应是，王令曰："以示外。薄德之人，何能致此，未敢当也；斯诚先王至德通于神明，固非人力也。"

他要李伏把这个劝进表和他的谦虚、拒绝的回复给大家伙看看，一定要给大家都看看。

如果他无意晋位，把劝进表压着就是；如果他恼了李伏，砍了他就是。他让大家都看看是什么意思！

于是大家轰的一下都起来了，开始配合着他唱戏！

电影《解救吾先生》里那个被绑架的吾先生，死到临头唱《小丑》的歌。为官的、做宰的、挑柴的、卖菜的，哪个又不是小丑呢？世情本就两张脸，人后脸哭，人前脸笑，热热闹闹。

"生死去来，棚头傀儡。一线断时，落落磊磊。"这是日本著名剧作家世阿弥的《花镜》里的一句话，意思是："人生在世，不过是像傀儡一样的躯壳，当灵魂离开肉体的时候，剩下的躯壳就像断了线的傀儡一样散落一地，很多东西，对于当世来说，都是抓不住的。"

抓不住，却又不停地去抓，谁让我们都是小丑呢。

辛毗、刘晔、桓阶、陈矫、陈群、王毖、董遇……言辞之恳切，论据之充足，论点之明晰，情感之丰沛，足令人下泪。

曹丕还是不应。

第三批劝进，不应。

第四批劝进，不应。

没有他们找不到的劝进理由，但是曹丕就是不肯应。

这帮人，这边忙着劝曹丕登皇位，那边忙着逼汉献帝让位，忙得要死。

《三国演义》里，描述得好形象：

是岁八月间，报称石邑县凤凰来仪，临淄城麒麟出现，黄龙现于邺郡。于是中郎将李伏、太史丞许芝商议：种种瑞征，乃魏当代汉之兆，可安排受禅之礼，令汉帝将天下让于魏王。遂同华歆、王朗、辛毗、贾诩、刘廙、刘晔、陈矫、陈群、桓阶等一班文武官僚，四十余人，直入内殿，来奏汉献帝，请禅位于魏王曹丕。

汉献帝舍不得，哭着求大臣们再商量，结果李仪奏："自魏王即位以来，麒麟降生，凤凰来仪，黄龙出现，嘉禾蔚生，甘露下降。此是上天示瑞，魏当代汉之象也。"

许芝又奏："臣等职掌司天，夜观乾象，见炎汉气数已终，陛下帝星隐匿不明；魏国乾象，极天际地，言之难尽。更兼上应图谶，其谶曰：鬼在边，委相连；当代汉，无可言。言在东，午在西；两日并光上下移。以此论之，陛下可早禅位。鬼在边，委相连，是魏字也；言在东，午在西，乃许字也；两日并光上下移，乃昌字也：此是魏在许昌应受汉禅也。愿陛下察之。"

王朗再奏："自古以来，有兴必有废，有盛必有衰，岂有不亡之国、不败之家乎？汉室相传四百余年，延至陛下，气数已尽，宜早退避，不可迟疑，迟则生变矣。"

汉献帝大哭，入后殿去了。百官哂笑而退。

大汉天子，委顿若此。

第六节　曹丕登基，司马懿升任侍中

时衰鬼弄人，其实不必羡慕什么高官和皇位，在这样位置的人，自有他的惶急与无奈。

若按照《三国演义》的剧本，是群臣立逼献帝退位，曹丕接到献帝禅让的诏书，猴急地就要接旨，被司马懿拦下："不可。虽然诏玺已至，殿下宜且上表谦辞，以绝天下之谤。"如此把戏做足，方才登台受禅。

若按《三国志》这本史书记载，司马懿不光坐在曹丕背后出主意，而且写表劝进也有他一份。当然，他出场较晚就是了。此人一向不爱打头阵、占先机。

劝进蔚然成风，他也伙同着侍御史郑浑、羊秘、鲍勋、武周等人，说什么"今汉室衰，自安、和、冲、质以来，国统屡绝，桓、灵荒淫，禄去公室，此乃天命去就，非一朝一夕，其所由来久矣"。说什么"殿下践阼，至德广被，格于上下，天人感应，符瑞并臻，考之旧史，未有若今日之盛"。说什么"夫大人者，先天而天弗违，后天而奉天时，天时已至而犹谦让者，舜、禹所不为也，故生民蒙救济之惠，群类受育长之施。今八方颙颙，大小注望，皇天乃眷，神人同谋，十分而九以委质，义过周文，所谓过恭也。臣妾上下，伏所不安"。

总之就是从三个角度来论证：第一，汉室天下不行了；第二，殿下了不起；第三，天命所归，人之所望，却之不恭。

有驳有立，曹丕甚喜。

曹丕高兴了，汉献帝那边就被加紧逼勒了，你同意最好，不同意也要同意。

于是，在臣下屡劝"被逼无奈"，在献帝屡让"却之有愧"之下，曹丕登大宝，践帝位。

曹操的心愿实现了，他的儿子做了"周武王"。

天下人都盯着这一个皇位，可是坐在这个位置，汉献帝的辛酸有谁知。董卓逼他，曹操逼他，如今，曹丕又来逼他。他穿着龙袍，坐着龙椅，屁股底下却满是荆棘。

他发布衣带诏讨贼，失败了，他的老丈人被杀，他的伏皇后被杀，他的董贵人被杀，他的两个儿子被杀，不知道多少大臣被杀……他们死得七零八落，他们死得惨不忍睹，死到最后，他孤零零一个人坐在高高的庙堂之上，秋风梳骨。

是受着三拜九叩，戴着黄金枷锁好，还是布衣素食，在田间自由自在好？怕的是流离人不如太平鸡，那样的时代，哪里能自由自在。

朝代更替，热血、性命、杀伐争战、心机谋虑，月儿弯弯照九州，几家欢喜几家愁。人间场场大戏，心头喷薄血泪，滚滚长江都做了东逝水。

大汉延康元年（220年）十月二十九日，四十岁的汉献帝刘协脱下龙袍，曹丕受禅登基，定国号魏，建都洛阳，改元黄初。

汉朝天下寿终正寝。

曹丕说："舜、禹之事，吾知之矣。"

他的潜台词是：原来这就是禅让啊！嘻，多么假惺惺的一场戏。

曹丕嘴里说着假话，想干这件事，却说自己不想干这件事；不想干那件事，却说自己很想干那件事。实在不行，就拉过老天爷来，说这是他老人家的意思。

怪不得庄子不喜出仕，一辈子都难得自由。《宫女谈往录》里的那个伺候慈禧的老宫女说："宫里头讲究多，当宫女要'行不回头，笑不露齿'。走路要安安详详地走，不许头左右乱摇，不许回头乱看；笑不许出声，不许露出牙来，多高兴的事，也只能抿嘴一笑。脸总是笑吟吟地带着喜气，多痛苦，也不许哭丧着脸；挨打更不许出声。不该问的不能问，不该说的不能说，在宫里当差，谁和谁也不能说私话。打个比喻，就像每人都有一层蜡皮包着似的，谁也不能把真心透露出来。"

一场场好玩的人偶戏。

真正的三国时代，大幕拉开。

曹丕登基，曹丕的谋士团中，司马懿升侍中、尚书右仆射。自东汉以来，"天下枢要，皆在尚书"，太子四友之首的陈群做了正职"尚书令"，司马懿是他的副职。

另外二友，吴质为中郎将，督幽、并军事，朱铄为中领军。

等人惊抬头，司马懿已经高高在上，宽大的衣服如风中旗帜，猎猎飘扬。

第五章

大皇帝，小皇帝

第一节　诛心

普通人降生人世，都自带演员属性，好像按照剧本或者不按剧本，演出爱恨情仇的一场场大戏。他曹家天下的诸色人等如是，这边蜀汉天下的各色人等也如是。

221年，刘备在成都即位称帝，国号仍为"汉"，改元章武。

毕生的对手曹操死了，毕生的兄弟关羽也死了，关羽之后，张飞也死了——出兵东吴的前夕，被部下所杀，首级割下，进献孙权。当初八拜结交，讲定的不求同年同月同日生，但求同年同月同日死，如今却只剩他一人。

而他也已经六十一岁。

和平年代的六十一岁，刚刚退休，准备养花抱孙，看书旅游，颐养天年；战乱年代的六十一岁，壮志未酬，烈士暮年。

但是！暮年的烈士还是烈士，伏枥的老马还是志在千里。

所以，刘备准备伐吴。

很冒险的举动。他要拆解孙、刘联盟，从此以后，不再是两家打一家，而是一家对两家。所以这是带有大量情感成分的一次远征，他要为兄弟报仇。

而且，他还要御驾亲征。

这就荒唐了。

刘备东征，大臣大部分都反对，诸葛亮也反对。但是拦不住。

刘备亲征，是因为关、张、赵、马、黄这五虎上将里面，关羽死了，黄忠两年前就死了，马超也在这年去世。张飞暴躁粗横——他最终也死在这上头，鞭打了士兵，又把被鞭打的士兵留在身边，士兵怀恨，杀了他。诸葛亮必须镇后，赵云谨慎而勇猛，带兵作战不出纰漏，是难得的常胜将军，行军突进却逊了一等。所以，在这种情况下，刘备基本上已经无人可用，只得亲征——须知，他也是马上冲杀出来的皇帝。

繁花似锦的盛夏过去了，无边落木萧萧下的秋天来了。

同一年，孙权派使者求和，向曹丕称臣。

孙权刚刚打败关羽，得了荆州。但是，孙权没了盟友。他若战曹丕，还要防刘备来攻。而曹丕若是来攻，兵分三路，偌大的长江中下游的防线，孙权守不住。

没办法，只好求和。

大丈夫能屈能伸这话不假。谁能够一世飞扬跋扈，大部分时间都是龙盘起来，是虎卧下去，悄悄攒力气，暗暗等时机。他派了使者，面见曹丕，奉上贡品：珍珠、黄金、大象、鹦鹉……还有珍玩无数。

还送回来一个俘虏——当初关羽水淹七军，活捉了曹魏阵营的于禁。后来关羽兵败身死，他的俘虏成了孙权的俘虏。如今孙权求和，于禁又回了曹魏。

于禁是曹操时代的"五子良将"之一，屡立战功，却在关羽水淹七军的时候投降。

禁拜伏于地，乞哀请命。关公曰："汝怎敢抗吾？"

禁曰："上命差遣，身不由己。望君侯怜悯，誓以死报。"

公绰髯笑曰："吾杀汝，犹杀狗彘耳，空污刀斧！"

关羽，大英雄。在他面前，于禁真渺小。

于禁回见曹丕，须发已白，叩头痛哭。

曹丕安慰他："樊城之败，水灾暴至，非战之咎，其复禁等官。"并任命他为安远将军，命令他去修整曹操的陵墓。

但是，于禁到了曹操陵墓所在，却发现墙上满满都是壁画，画的是关云长水淹七军，庞德愤怒不屈，于禁哀求乞命。

于禁愧恼成病，一命呜呼。

司马光说："文帝废之可也，杀之可也，乃画陵屋以辱之，斯为不君矣！"说曹丕这个人，实在不是个君子。你废了他也行，杀了他也行，没人说你什么，反正他是个降将、贰臣，但是你干什么要假赦而真诛其心，太残忍。

曹丕真是一个阴刻的人。

诛心是要命的。

蜀、魏打仗，诸葛亮痛骂魏军阵营的王朗："吾今奉嗣君之旨，兴师讨贼。汝既为谄谀之臣，只可潜身缩首，苟图衣食；安敢在行伍之前，妄称天数耶！皓首匹夫！苍髯老贼！汝即日将归于九泉之下，何面目见二十四帝乎！老贼速退！可教反臣与吾共决胜负！"

王朗听罢，气满胸膛，大叫一声，坠于马下。

就这么厉害。

曹丕的心理阴暗扭曲，未必是天赋，一大半倒是因为他受曹操压制，而自己的愿望又太强烈。司马懿是当初的太子党，陪他一路走来，不会不明白。所以，他在曹操面前十分谨慎，在曹丕面前，还要再谨慎十分。

曹丕答应了孙权的求和，册封孙权为吴王，加九锡。

谋臣刘晔反对，建议趁着他现在情势危穷，一举灭了它！刘备为了报仇，肯定会和我们合作，等我们实力更雄厚了，再转回头活吞了刘备！

敢动脑子的都是狠人。

可是曹丕新当皇帝，不愿意被人说自己乘人之危，怕以后没人再来归顺。如若肯听刘晔的话，三国早就是曹家一姓的天下了。

第二节　彩云易散琉璃脆

221 年 7 月，刘备挥兵东征。夷陵之战爆发。

三国有名的"三大战役"：官渡之战、赤壁之战、夷陵之战。这是最后一场了。

孙权派陆逊应战。陆逊用以逸待劳的方法，阻挡了蜀军的攻势。222 年 8 月，在夷陵大败蜀汉军队。

继关羽失荆州后，蜀汉再次实力大损。

孙权一胜，就不听曹丕的了。

曹丕答应孙权求和的时候，想封孙权的儿子孙登为万户侯，让孙权送孙登来受封，孙权找理由不肯——谁愿意把自己的儿子送去做人质呢。

夷陵之战毕，曹丕旧事重提，孙权再次拒绝。

曹丕怒了，要御驾南征。

结果还是刘晔跳起来反对，因为孙吴新胜，士气高涨，不可撄其锋。

曹丕还是不肯听，下诏命曹休、张辽、臧霸取道淮南洞口，曹仁取道淮南濡须，曹真、夏侯尚、张郃、徐晃取道荆州的南郡，三路大军联合对江南发动攻击。

孙权一改卑屈模样，分兵拒守，自立为王，自定年号"黄武"。

当初夷陵之战，刘备一怒，蜀兵黑压压一片压将上去，一派不顾死活的架势；如今曹丕虽怒，却行军谨慎，就连曹休屡次请战，他都不准。

打打停停直到黄初三年（222 年）三月，曹丕下令撤军。

这个仗打的好像度假一样。

但是，不是度假。

因为这次征战，曹休被拜为征东将军，领扬州牧，假黄钺，督二十余军。曹真被拜为上军大将军，都督中外诸军事，假节钺；战后升为中军大将军。夏侯尚升为征南大将军，战后拜荆州牧，假节钺。

这三个人是真正的自己人，他的嫡系将领。军功最易升，没有军功，创造机会也要让他们立下军功。

曹丕心思之深，不逊其父。

其形也，翩若惊鸿，婉若游龙。荣曜秋菊，华茂春松。仿佛兮若轻云之蔽月，飘摇兮若流风之回雪。远而望之，皎若太阳升朝霞；迫而察之，灼若芙蕖出渌波。秾纤得衷，修短合度……

曹植传诵千古的名篇《洛神赋》，说的是他黄初三年朝觐曹丕的时候，见到洛神，那么漂亮……可是，洛神是谁呀？

就是甄宓呀，曹植的嫂嫂，曹丕的妃。

当年曹操攻克袁绍，曹丕随父出征，持剑杀入袁府，见到袁绍之子袁熙的妻子甄宓，玉肌花貌，有倾国之色，怦然心动。

曹操听后笑骂："今年破贼，正为奴。"遂为他做主，将甄氏纳入后宫。

曹丕和他爹一样，爱美色，先后纳了李贵人、阴贵人、曾经的汉献帝——如今的山阳公刘协的两个女儿……然后，纳了最要命的郭女王。

历史上，没有发现郭女王和司马懿的夫人有任何关系。郭女王年少时即智计过人，其父惊叹："这是我家的女中君王。"这种智计和《甄嬛传》里的甄嬛大差不差，从小就不是傻白甜。她比甄宓晚到曹丕身边，又年轻漂亮，特别能拴得住曹丕的心。

而且甄宓据说和曹植有不清不楚的关系，所以曹植进京朝觐，作《洛神赋》以颂甄宓。

曹丕哪里受得了这个！曹丕越来越不待见甄宓了。当初她的美貌惊到了他，如今她的容颜渐渐消萎。

蒲生我池中，其叶何离离。傍能行仁义，莫若妾自知。
众口铄黄金，使君生别离。念君去我时，独愁常苦悲。

想见君颜色，感结伤心脾。念君常苦悲，夜夜不能寐。

莫以豪贤故，弃捐素所爱？莫以鱼肉贱，弃捐葱与薤？

莫以麻枲贱，弃捐菅与蒯？出亦复何苦，入亦复何愁。

边地多悲风，树木何翛翛！从君致独乐，延年寿千秋。

甄宓作《塘上行》，本来想打动君王的心，却让君王要了自己的命。

黄初二年（221），她被赐毒酒。

次年，曹植写作《感鄄赋》。鄄指鄄城，是曹植当时的封地。鄄、甄两个字长得好像。《洛神赋》这个名字是后来的魏国皇帝给改的。甄宓、宓妃、洛神、甄洛，在我们后世，都指同一个美丽绝伦、含冤而死的女人。她"翩若惊鸿，婉若游龙"，她"秾纤得中，修短合度"，她"凌波微步，罗袜生尘"，她"含辞未吐，气若幽兰"……

世间好物不坚牢，彩云易散琉璃脆。

第三节　他成了曹丕不设防的那个人

有人言之凿凿，说郭女王与幸臣张韬商议，当时曹丕患病，张韬诈称于甄夫人宫中掘得桐木偶人，上书天子年月日时，为魇镇之事——就是《红楼梦》里，赵姨娘串通马道婆，剪了几个青面獠牙的纸鬼，写上他们的生辰八字，想要施法害死他们的那种邪法。曹丕大怒，将甄夫人赐死，立时为贵妃的郭女王为皇后。因郭女王没有孩子，就收养了甄夫人的儿子曹叡为养子。

又有人推测说未必如此。

总之，最后甄宓含冤而死。死后还不得安好，下殓时披发覆面口塞糠。

至于电视剧里表现的，司马懿闯宫，为救甄宓之子曹叡的命，抱上他就跑到郭女王面前，强摁着他叩头叫娘，以免曹丕怒上心头，杀了这个儿子。这个于史无载，只是在表现司马懿忠于曹丕和曹魏王室的一片耿耿忠心。

若论实情，此时的司马懿，对于曹丕确实是忠心的，这个人心思阴深，但是不到非常时刻，确实不以害人为要。他的性格里面没有侵略性。所以曹操能镇住他，他在曹操手下基本上碌碌无为；曹丕也拿捏得住他，他在曹丕手下也忠心耿耿。

但是，说到闯宫，估计他或者不敢，或者敢也不会去做。在司马懿的人生哲学里，自保是第一要务——万一曹丕恶向胆边生，干掉自己怎么办？

自从曹丕主政、登基，司马懿一骑绝尘，官是升了又升。黄初六年（225年），司马懿封向乡侯，被曹丕拜为抚军大将军，假节，领兵五千。加给事中、录后台文书事。

这年他四十七岁。

这官升得像坐火箭。

加给他的这几个职位，都不寻常。其中所谓的"后台"，是这样的：天子离开都城的时候，尚书台会有一部分人随着天子巡行，随时处理前方政务，这一部分叫"行台"；天子身后的这些事务，由尚书台的另一部分人处理，叫"后台"。曹丕不在京城时，司马懿要总管全部后台事务。

而"抚军大将军"一职，是这样的：序列上来说，位次低于大将军，却高于三公。曹丕出京，后方的军队都由抚军大将军调遣。他既可以直接指挥五千人，也可以调动大军十余万。

恶虎环伺，争战不休，他是曹丕可以放心把后背交出去的人。他是曹丕的"后台"。

人们睡觉，习惯面冲房门背靠墙，这是从远古时代就流传下来的基因密码：靠着墙踏实，不会遭攻击，墙是现成的掩体。司马懿就是曹丕背后那堵墙。这是曹丕对他完全、彻底的信任。

但是司马懿不敢接。

他生怕曹丕这是试探他是否有野心，而且他也有些腿软，责任太大了。所以，他向曹丕推辞，一方面是谦让，一方面是心虚。

但是曹丕给他吃了颗定心丸：我不是试探你，我是太累了，需要你为我分忧。这不是荣耀，这是责任。

司马懿这才放心大胆地上任。

从此，司马懿从文职一跃成为手握兵权的重臣。

夏侯尚是曹丕的发小，和曹丕交情莫逆。曹丕即位，立即让他做了征南大将军。结果因夏侯尚的公主老婆吃他小老婆的醋，向曹丕告状，曹丕一怒之下把这个女人赐死，夏侯尚这个多情种子一病不起，也死掉了。

他留下的权力空缺，便宜了司马懿。

真的是便宜吗？司马懿兢兢业业，战战栗栗。

这么忙，司马懿居然还有工夫纳妾。或者是因为夫人张春华人老珠黄了，他急需一个温香软玉来安抚疲惫的自己。

所以，他纳了一个宠妾柏夫人。

哪像电视剧里演的，什么他不想纳柏夫人，可是曹丕硬往他家里送；什么柏夫人是间谍，他和夫人做戏要赶柏夫人走，虽然到最后他仍旧和柏夫人搅和到了一起，但那也是张春华成全的。

全不是。

夫人老了而已。

有一点很奇怪，司马懿在工作中必定是滴水不漏，应酬周到妥帖的，你看他在家里说的什么话，说自己妻子"老物"长"老物"短。这人就是里子硬外皮软，在外做事圆滑，不敢多说一句话，多行一步路。他怕一着不慎，被人算计了身家性命去。到了张春华面前，他就完全放松，暴露真面目、真性情。

好在世上事，一物降一物，他再不喜欢张春华，张春华一绝食他也怕，因为他更爱自己的儿子们，而儿子们都是张春华生的。这个人的真面目再不好看，倒也不是三妻四妾，顶多算是一妻一妾。就这一点来看，就当时的好丈夫标准来看，也还行。

被绝食的老婆威胁得没脾气，臊眉耷眼去赔礼，赔完礼了还给自己圆圆面儿，说什么"我不是怕我老婆，我是怕饿坏了我的宝贝儿子"，倒蛮有趣。脸成天板着，累不累？好歹在家里，他还有一些人情味。

第四节　不作诗的天子

曹丕确实很忙，忙着南征。

孙权涮了他，他很不开心，这些年不是在和孙权打，就是在去打孙权的路上。

但是打来打去，也没有什么拿得出手、说得出口的仗。

黄初五年（224年），他打东吴，却遭遇了长江洪峰，长江波涛连天，便叹道："魏虽有武骑千群，无所用之，未可图也。"没办法，只好灰溜溜回许昌。

然后他就把司马懿提拔成他身后的人。

然后他又出门了。

多年穷兵黩武，国库耗空，一个叫鲍勋的官员说你这算干什么，把国家搞得这么穷，打的什么仗。于是鲍勋被贬。

黄初六年（225年）三月下旬，曹丕率大军继续南征，身边带的是镇军大将军陈群。走之前特地勉励司马懿，让他效仿汉朝开国丞相萧何，保障好大后方。

没想到又悲催了。

十几万人马沿江排开，场面恢宏，可是，十月份气温很低了，江面已有薄冰。船不得行，马不得渡，人又不能蹚——冰厚到足以阻止船只下水，又没有厚到可以承载人马通行。

东吴士兵列队以待，魏国的军队就是过不来。曹丕"嗟乎"一声，"固天所以限隔南北也"，再一次无功而返。

这是曹丕最后一次南征。

这次南征，他被人背后插了一刀。

东吴大将孙韶派敢死队渡江抄近路截杀曹丕，当然也不是真的指望能杀了他，但是起码可以吓他一跳。

曹丕真被吓了一跳，逃跑得不亦乐乎，留下几千只搁浅的战船给谋士蒋济打理，自己直奔许昌。因为这里有司马懿镇守，他觉得安心。

但是刚要进南城门之际，城门却轰的一下垮塌了，又吓他一跳。

大约曹丕身体底子一直不是太好，或者多年来精神压抑，思虑伤身；如今当上皇帝，大脑日夜转个不停；近几年又不停地鞍马劳顿，终于不支发病，于是本来可以进别的城门的，他也不进了，改道西北，绕过许昌，回了洛阳。

怕过城门而不入会让司马懿多想，还特地发了一道诏书，把这边的事务托给司马懿全权管理。

至于蒋济，也不是白给他战船的。借淮水冲坝，推动船只入了淮水，率领舰队回程。

站在孙权的角度想，这也是蛮无厘头的。搞什么搞，你带大军而来，我带大军迎你；隔着大江你过不来掉头而去，我还得率大军回去。一个乘兴而来，败兴而返；一个凝神迎击，迎来的却是空气。

数十年压抑、焦虑、武功、战备、心机、谋略，曹丕的身子不如其父强悍。曹丕终于起不来了。

早年一个叫高元吕的人替他算命，说他四十岁有大劫，若能撑过去，能再活四十年。但是，他撑不过去了。

曹丕知道自己大限已至，终究是指定了甄宓给他生的儿子——嫡长子曹叡为太子。他的九个儿子，有四子已死，其余的除了曹叡，都是病秧子。他宠爱的郭女王一直不曾诞下一子半女。

曹丕急召中军大将军曹真、镇军大将军陈群、抚军大将军司马懿。

洛阳城崇华殿，南堂。

曹丕面前，跪伏着曹真、陈群、司马懿、曹叡。

曹丕躺在病床上，气喘吁吁，勉力抬眼，看着自己的发小、自己的密友、自己的儿子。

然后，吃力地抬手一个个指着这些人，对曹叡说："如果有人说这三个人坏话，你不要听。"

他又更用力地指着曹叡，想对这三个大臣说些什么，又觉得什么也不必说，他所做的一切，这三位都懂得。他只是眼看着他们三个，手指重重地点在曹叡的身上。

曹真、陈群、司马懿眼泪长流，一拜到底。

他打压诸侯王，不使诸侯乱政。

他限制宦官，避免常侍乱政。

他下令妇人不得干政，外戚不得辅政。

他把大汉王朝灭亡的原因都看在眼里，也都采取手段进行规避和压制。他劳力又劳心，如今，只觉得含着一嘴的姜块，有些热辣辣的苦辛。这一辈子，不容易呀。

想当初人家也是一个才子，如今却成了不作诗的天子。

他的父亲能酗酒，能痛哭，能高歌，能大笑。

他的兄弟曹植也能酗酒，能痛哭，能高歌，能大笑。

他不能。

这辈子都不再可能了。

黄初七年（226年）五月，魏文帝曹丕驾崩于洛阳，终年四十岁。

曹叡即位，时年二十二岁。

司马懿是三位托孤重臣之一。

这不是他一个人的事，这是整个司马家族的事。

第五节　冢虎不稀罕虚名

曹叡不简单。他绝不是任由三个辅政大臣摆弄的小可怜。他尊重他们，但并不对他们委以绝对的重任。他们荣誉加增，而实权并不加增。

拥有绝对权力的是他曹叡。

有一个故事，讲一个皇帝，他的姐夫是威震天下的武将，掌握着整个国家的武力；他极力重用文臣，于是掌握住了整个国家的文治。他对待他的姐夫，是那样的小心翼翼：小心翼翼地尊重，小心翼翼地削权，小心翼翼地贬官，小心翼翼地试探底线。他当初登基，经过残酷的数子夺嫡的战争，他的姐夫是同盟；如今他做稳了皇帝，他的姐夫是敌人。

后世里宋朝赵匡胤杯酒释兵权，不过就是为了把权力集中在自己的手里；汉朝最终大乱，就是因为权力不是在外戚手里，就是在宦官手里，要不然就是在世族手里……所以，集权对于一个王朝来说，是极其重要的。

难能可贵的是，曹叡对这一点儿门儿清。

而且，曹叡保持着充分的神秘感。这个男孩原本口吃，且平生少言，如今居于深宫，和他的朝臣少接触，少交往。小小年纪，就做到了孤家、寡人。

这个应当和他的经历有关。曹叡自从被郭女王收养，每天向郭女王晨昏定省，态度恭顺，郭女王对他也分外慈爱，顾育有加。

一天，曹丕带着曹叡骑马打猎，曹丕射中一头带着小鹿的母鹿，让儿子射小鹿，曹叡却放下弓箭，流着眼泪说："陛下已杀其母，臣不忍复杀其子。"

这句话里，带着怎样的深意？

父亲杀了母亲，自己对父亲却什么也不能做。

母亲因郭女王而死，自己对郭女王也什么都不能做。

深宫清冷，他不过是一个失去母亲的孤儿。

如今做了皇帝，更是天底下最孤寡的职业，有话不能随便说，有饭不能随便吃，有情不能随便爱。

也不知道曹叡从哪里学的，驭下之道如此高深。知人极深的刘晔对他的评价是：

"秦始皇、汉孝武之俦，才具微不及耳。"（可以比作秦始皇、汉武帝一类的人物，才能略有不及罢了。）

听上去是蛮了不起的一个年轻皇帝。但是在中国几千年的封建历史中，对于他的记载和评价寥寥无几。也是，世事不是尺，世情不是秤，没办法称量出人的准确斤两。

司马懿更小心翼翼了。

这个人在曹操时代就战战兢兢，如履薄冰，有话不说十分满，只说一分剩九分；在曹丕时代，也小心谨慎，非礼勿言，非礼勿行，有话十分说三分，还剩七分暖肚肠；到了曹叡时代，地位高了，更受尊崇了，但是更小心谨慎了，因为他还摸不准主上的脾气。

好在对于他来说，不说话并不难熬。他一向嘴不大，心大。

验证曹叡能力的时机很快来了。

当年八月，趁着曹魏热孝，旧主新丧，新主初立，孙权趁火打劫，起兵攻打江夏。

消息传到洛阳，朝中大臣议论纷纷，主张出兵增援，万不可让江夏落入敌手。甚至很多大臣都已经考虑起了出兵细节，还有的大臣主动请缨，朝堂沸腾如一锅滚开的水。高高的龙椅上，曹叡不言不动。

渐渐地，大家安静下来，他才慢慢开口，亮明观点："不出兵。"

人们惊得下巴掉了一地。

曹叡口吃，所以语速很慢，偏偏这样的语速听上去沉着，让人不由自主地安静。他分析道：

"东吴善水攻，孙权走陆路攻江夏，是想让我们措手不及。现在他们的第一次进攻已经被文聘阻挡，不会有强劲的后续力量在江夏城下打持久战。"

也就是说，现在增援，劳军伤财，到了江夏，根本不会和孙吴交战——对方耗不住，早拔了营回江东。

而且，曹叡又进一步爆料：他早就料到趁着魏国换主，东吴要趁火打劫，所以先派素有智计的治书御史荀禹去了南线劳军，有他在，江夏无忧。

群臣山呼："我主英明！万岁万岁万万岁！"

结果真按照曹叡的预料发展了：孙权占了一个先机，却没有占到更大的便宜；荀禹抵达后，发动周边郡县步骑千人在江夏附近驻扎，生火做饭，大搞疑兵之计，孙权以为曹魏大批援兵已到，只好撤军。

曹叡这个相，亮得漂亮。

所有人都服气了。

司马懿是欣慰的。

诸葛亮是卧龙，庞统是凤雏，司马懿是冢虎，姜维是幼麟。三国时代四大人才，司马懿是其中之一。此时的冢虎没有多大的野心，也就是想要让手中的权力再大一点，虚头巴脑的名望少一点。

他稀罕的不是虚名。

第六节　有一种智慧叫等待

两国交战，其实就是两个帮派的人拎着西瓜刀和板砖打架，这个场子输了，就要在下一个场子找回来，实在不行，跑回去叫人。

孙权上次破了"礼不伐丧"的例，想来江夏占便宜，结果被魏家新主搞得灰头土脸。他本来亲自率军进攻江夏，命左将军诸葛瑾兵分两路进攻襄阳。如今他败而撤兵，诸葛瑾那边，曹叡出手了。

司马懿时任抚军大将军，受命反击诸葛瑾。

司马懿这个人从出生起，就是当书生、士子、文官来培养的——他的家族从他的爷爷辈就已经脱离"武"字了。所以论智谋他绝对有余，但是领兵打仗却是头一回。

跟着曹操的时候，他都是在军帐做谋士，而且还是多低头少说话的那种；他被曹丕重用，初掌军权的时候，能够直接指挥的也不过五千人。如今，他是第一次独立领兵。

不知道他心里怎么想的。这个人沉得住气，不骑花翻浪，一般人真摸不准他开心不开心，意外不意外，激动不激动。

也许是激动的，或者说，八成是激动的。升官升得他不激动了，人总是对新事物好奇和激动，所以对于第一次领兵打仗，他应该激动。

司马懿以前有没有领兵打仗的心理准备？估计也有，他可是抚军大将军。又素爱读书，精研兵法，这么多年兵火连绵，他不是温室暖炕里走过来的公子王孙，鲜血、杀戮、征战都不稀罕，他这双四十多岁的眼睛，见了多少人家离散，见了多少呐喊冲锋，见了多少兵败如山倒，见了多少一旦无常万事休。

在残酷的生活环境中，司马懿不敏感，始终保持着一种"钝感力"。日本作家渡边淳一把钝感力描述成"迟钝的力量"，就是从容面对生活中的挫折和伤痛，坚定地朝着自己的目标前进的一种能力。

这种能力，司马懿不缺。

不是替他洗白，凡是有所成就的人，其实对生活都保持着一种钝感。如若见花落泪，见月惊心，能不能活得长都是问题，怎么还能做一番事情出来。

可是司马懿到了地方，却发现自己用力过猛了。诸葛瑾这个人，素有盛名，却用兵至迂。俗话讲"兵者诡道"，他却不奇不诡。两军差不多一个照面，一次冲锋，诸葛瑾就失败了，副将张霸被斩杀，曹魏斩敌首千余级。

司马懿赢得轻松。

当年年底，曹叡升曹休为大司马，曹真为大将军，陈群为司空，司马懿为骠骑大将军，都督荆、豫二州军事，屯驻宛城。

大司马、大将军之下，即为骠骑大将军。他的地位又上升了。

而且，他还嗅到了少年君主人事安排的一丝深意。

一直以来，曹休都很不爽。

他的资格很老，是曹操的族子、曹洪的亲侄。当时天下大乱，曹氏宗族风流星散，曹休十余岁丧父，携老母渡江到吴地避难。曹操举义兵讨伐董卓，曹休北归中原，去见曹操。曹操说："这是我们家的千里马啊。"让他与曹丕同吃同住，待他如亲子。此后他随曹操四处征伐，屡立功勋。

曹丕驾崩前托孤时，曹休其实是与陈群、曹真、司马懿一起受遗诏辅政，同为顾命大臣。只是因为他镇守边境，不能赶回来，所以地位上矮了另三位一截，其中包括他最不待见的曹真。

曹真的父亲秦邵是曹操故人，随曹操征战时死于军中。曹操伤悼故人，收养秦邵之子秦真，并赐姓"曹"，即后来的曹真。若论血统，曹真自然比不上曹休，如今曹真身在政治中枢，他却在前线打仗，心理上非常不平衡。

一座山上两只虎，若真是打起来，朝野震动，甚至会动摇根基。对于少主曹叡来说，这是一个问题，很大的问题。

所以，魏明帝来了这一手，诏命征东大将军曹休为大司马——这就是魏明帝的深意：曹休一气登顶，力压大将军曹真，从此扬眉吐气。至于曹真，他是从中军大将军直接提拔到大将军的，连升了五级，也没什么不服气。

两位军界大咖风平浪静，曹魏内政危机顿解，小皇帝手段高明。

更高明的是，岗位调整后，曹休镇守淮扬，曹真镇守雍凉，各守一方，远离政治中心，都不会掀起什么大风浪。

陈群原来是镇军大将军，此次升任司空，名义上做了"三公"之一公，实则却不再掌握军队。

司马懿倒是掌握了军权，却不再担任录后台文书事，也就是不再掌握国家的行政——辅政大臣，如今名不正则言不顺，还辅什么政？而且，数月之后，司马懿又受命镇守荆、豫二州，也远离了洛阳这个曹魏政治中心。

四个尊奉先皇遗命，最易坐大、有可能不听调遣的辅政大臣造成的威胁与危机，就这么被曹叡连削带打，消弭于无形，他轻轻巧巧地就把权力集中到了自己手中。怪不得刘晔会评价这位曹叡可比秦皇汉武。

司马懿很平静。

小皇帝手下并无新人可用，虽说是一个萝卜一个坑，老萝卜拔起后留下的巨坑，新萝卜可填不满、填不平。

那么，就是一个字：等。

第六章

北伐路漫漫兮

第一节　买金的撞着卖金的

世上事是要讲相配的，好比梅枝上绽雪，嫩柳上趴鸣蝉。若是僵蝉趴在梅枝上，雪覆盖了柳枝嫩叶，前者觉得枯毙，后者觉得惨烈。

可惜这样不相配的事情却是常事。

古人总结出十大不相配：清泉濯足、背山起楼、松间喝道、月下把火、苔上铺席、花下晒裤、牛嚼牡丹、石笋系马、对花啜茶、焚琴煮鹤。

日本女子清少纳言的《枕草子》里是她看见的更为细致的不相配：头发不好的人穿着白绫的衣服；卷发上戴着葵叶；很拙的字写在红纸上面；穷老百姓家里下了雪，又有月光照进那里；月光明亮的晚上，敞篷大车却用黄牛来牵……

那么，上司和下属要不要相配？

要。配得着的，就是雪上月，月下雪；配不着的，就是月下火，苔上席。

从这个角度说，诸葛亮和刘备都是幸运的。刘备宽和，仁以待人；诸葛亮赤诚，忠心事主。二人肝胆相照，性情相投。

司马懿遇见曹操，是司马懿的不幸。曹操雄猜多忌，手黑心狠，一言不合，不是给人送空饭盒，就是杀人全家。司马懿在他手下，低头做事，低头做人，肚子里本就九曲回肠，还得再多绕几圈，练就了一忍百忍的忍者神功。于是，后来司马懿成了曹操的不幸，千辛万苦打下来的曹魏江山，最后落到了司马家手里。

那么，让司马懿和曹操肝胆相照行不行？不行。司马懿也不是轻易和人肝胆相照的人，曹操也不是轻易和人肝胆相照的人。性格决定命运，此处决定的不是一个人的命运，而是两个人、两个家族、一个国家的命运。

蜀汉章武三年（223年），刘备白帝城托孤，将阿斗托付与诸葛亮和李严，对诸葛亮说的话是："君才十倍曹丕，必能安国，终定大事。若嗣子可辅，则辅之；如其不才，君可自为成都之主。"

这样的待遇，司马懿怎么能享受得着呢？他想都不敢想。所有人都不敢想，曹丕指定的几个顾命大臣，没有谁敢想。

惜乎三国的格局之所以是三国的格局，是因为一个国家有长板，必有短板。在下一代领导人中，刘禅比曹丕、曹叡弱得多。

虽然刘禅暗弱，有助于诸葛亮一手遮天、朝纲独揽，但是，他引来的纷纷流言、无边猜忌，也让人心烦。

刘备托孤时，李严也在，只是刘备刚死，李严就被诸葛亮派去江州，远离成都，好方便自己大权独揽。

起码在李严看来，诸葛亮是这样打算的。

也许诸葛亮确实有这个打算，只是他无意篡汉，想的是最大限度地减小阻力，不让任何人掣肘，好大展拳脚，复兴汉室。

诸葛亮和司马懿，远未到对决的时刻，不过，通过孟达，两个人开始有了交集。

关羽被围樊城、襄阳时，曾经向刘封和孟达求援，但被刘封和孟达拒绝。关羽战败后，孟达因为害怕被治罪，再加上跟刘封不和，常受到刘封欺凌，于是率领部曲四千余人投降了曹魏。

曹丕很看重孟达，拜他为散骑常侍、建武将军，封平阳亭侯。曹丕还将房陵、上庸、西城三郡合为新城，派他做了新城太守。

虽然孟达做了魏臣，但是他始终和诸葛亮、李严保持书信往来。李严希望孟达能够回归蜀汉，在他给孟达的回信中说："吾与孔明俱受寄托，忧深责重，思得良伴。"

这话说得很隐晦：我和诸葛孔明都受先主重托，如今我忧虑日深，责任日重，希望有良朋相伴。说白了，为什么忧虑日深，因为他很明白诸葛亮把自己边缘化了，他希望孟达能够回来，做自己的联盟。

买金的撞着卖金的，孟达也希望回归蜀汉。曹丕在时，他受重用，曹丕一死，他和同僚合不来，新到任的顶头上司司马懿又不重视他，他想回家。

背叛了蜀汉之后，他要再背叛一次曹魏。

想回归的想法，孟达告诉了李严，也告诉了诸葛亮。

怎么办？诸葛亮很犹豫。

孟达回归的话，他占领的位于沔水上游的东三郡，可以直归蜀汉，然后联合下游的东吴，水军可以直逼曹魏的襄阳、樊城。诸葛亮未出山时，向刘备献定国大策隆中对，其中有一条"一向宛、洛，一出秦川"，如今，重圆此梦。

孟达回归的话，李严和他同属东州集团，李严多了臂膀，和自己争权夺利、分庭抗礼，朝政内纲不稳。

——内纲不稳，他的大政方针就不能顺顺当当地实施。

所以，何去何从？

第二节　隔空较量，一比一平

再忠勇仁厚，能在血山尸海中摇着鹅毛扇的，也不是善类。

诸葛亮决定除去孟达。

而且，他让孟达就是死，也要做一回他的工具再死。于是他给孟达写信：

"孟达呀，前不久与李鸿在汉阳相会，得知你的消息，我慨然长叹，才明白了你的平生志向。孟达呀，那时候确实是刘封欺凌你，所以，你因怕被迫害，才去了曹魏，这些我都能理解。想起我们过往的情分，我对你的思念俱增。我在这里，盼你回来。"

一个叫郭模的人来投降曹魏，受到了孟达的死对头申耽的接待。孟达大约情商确实不高，所以在蜀汉的时候，跟同僚刘封不对付，降了曹魏，又和同僚申耽不对付。

申耽招待郭模喝酒，这个家伙喝着喝着就喝醉了，申耽要么就是从他的醉话中听到了玄机，或者直接翻了他带来的包袱皮，包袱里有诸葛亮送给孟达的礼物：一块玉玦、一片织成、一块苏合香。

玉玦，玦，决也，决心已定的意思。织成，布已织成，计谋已成的意思。苏合香，二人合谋的意思。

申耽立刻读懂隐语，速报司马懿。

司马懿不露声色，通知孟达入朝。

申耽根本没有想到，郭模是诸葛亮派去的。

孟达这个谍中谍当的，肯定内心惶惶。一接到司马懿通知，他马上就觉得是事情败露了，于是赶紧写信给诸葛亮，请他派兵，自己在这边接应：

> 宛去洛八百里，去吾一千二百里，闻吾举事，当上表天子，比相反覆，一月间也，则吾城已固，诸军足办。则吾所在深险，司马公必不自来；诸将来，吾无患矣。

他低估了司马懿，说什么宛城距离洛城八百里，距离他镇守的上庸一千二百里。就算听到他反叛的消息，还要上奏给天子，这样一来一回，没一个月的时间下不来。等到司马懿接到皇帝诏命，让他来平叛，我也已经加固了城池，准备足了物资。而且我的地盘深沟险壑，司马懿肯定不会亲自来。别人谁来我都不怕。

司马懿好像也觉得有点措手不及，于是他给孟达写信："听说诸葛亮让郭模给你送了一块玉玦、一片织成和一块苏合香。"吓孟达一跳，接着，他又回顾往昔："当年将军投奔我大魏，我大魏也委将军以重任。"这话不假，孟达拥兵三郡，确实是深得信任。

司马懿继续说："郭模带的信如此重要，怎么可能轻易泄露？可见这是诸葛亮使的离间计。"言下之意，你是好人，我放心你。

这么一说，孟达安心了，说不定心里暗笑司马懿傻，看不透自己的玄谋妙计。

他没有想到的是，仅仅八天，司马懿神兵天降。

诸葛亮和司马懿两个人都精似鬼，只有孟达喝了他们的洗脚水。

　　诸葛亮用了离间计不假，司马懿也用了缓兵计，稳住孟达后，立即亲率大军，一路急行。

　　孟达惊得下巴都要掉了：这是飞来的吗？

　　只是他不知道，司马懿急得头发都要白了。大军只征调到了一个月的粮食，必须速战速决，迟则生变。他先分兵在安桥、木阑塞两处驻防，又让申仪带兵前往木阑塞，以防吴、蜀进攻。断了孟达的援军，这才踏实下来，瓮中捉鳖。

　　司马懿所料不错，果然吴、蜀一起进军，讨伐曹魏。

　　东吴的兵到了安桥，见魏军严阵以待，没了战意；蜀军抵达木阑塞，一看魏军布防严密，也不强攻。

　　于是，只有孟达独自面对司马懿了！

　　司马懿给孟达的外甥邓贤、腹将李辅写密信，许以重金。

　　第十六天，司马懿布兵八路，打破防栅，直逼城下。

　　孟达惊疑中，见两路兵向城内奔来，孟达以为是诸葛亮的援军，忙大开城门，出城迎接，却听见有人大叫："反贼休走！早早受死！"孟达急忙拨马回城，城上有李辅、邓贤乱箭射下。孟达仰天长叹，坐以待毙。申耽刺死孟达，割头以献。

　　孟达先背叛刘璋，再背叛刘备，又背叛曹魏，一生反叛三次，再也无人可叛，无路可逃。

　　司马懿赢了。

　　诸葛亮也不输。孟达死了，李严翻不起大浪，不会再有人掣肘自己的北伐大业。只可惜孟达坐镇的魏国东三郡没有收入囊中。

　　两个人隔空较量，一比一平。

　　孟达首级送往洛阳，曹叡下令在洛阳市中心的十字路口焚烧。群臣鼓舞，司马懿声望再次暴涨。

　　司马懿奏请将当初孟达降魏时带过来的、屯住在上庸的数千人，来个大彻查、大清洗。最后，将孟达这七千多人的势力全部强制迁往东北的幽州，斩草除根。这件事情做得真绝。

　　司马懿在这边忙活的时候，诸葛亮也没闲着。

第三节　棋错

　　诸葛亮伐魏必不可免。但是他讲究稳扎稳打，想兵出祁山，占陇右，先吃凉州，再吃雍州，再吃中原，一口一口，慢慢吃成大胖子。

　　他也不是不想一蹴而就，但是蜀国体量小，国力不够，吃不下。

　　这个方针魏延不同意。

　　魏延是刘备带出来的老臣。

　　建安十六年（211年），刘备应刘璋之邀，入川帮助刘璋抵御张鲁。魏延率部曲追随刘备入蜀作战。

　　后来刘备与刘璋决裂，起兵攻打刘璋，魏延数有战功，升迁为牙门将军。

　　建安十九年（214年），魏延跟随刘备攻克重镇雒城，并与诸葛亮、张飞等人一起包围成都。

　　建安二十四年（219年），刘备自立为汉中王，把成都定为核心据点，留大将镇守汉中。大家都觉得张飞会担任汉中太守，没想到刘备却提拔了魏延，并将魏延从牙门将军升为镇远将军。

　　一天，刘备大会群臣，问魏延："今天委任你这个重任，你想说点什么呢？"魏延朗声答："如果曹操举倾国之力前来，我请求为大王挡住他，如果是一偏将率十万大军前来，我请求为大王吞并了他。"雄豪之气，备受赞赏。

　　刘备称帝，建立蜀汉后，魏延晋封为镇北将军。

　　刘禅登基后，魏延被封为都亭侯。

　　建兴五年（227年），诸葛亮为预备北伐，进驻汉中，升魏延为丞相司马、凉州刺史。

魏延向诸葛亮请求亲自率领五千精兵、五千辎重兵，从子午谷出奇兵偷袭长安，同时请求诸葛亮也率领大军从斜谷进兵，最后和自己在潼关会师，好把长安以西大片土地占为己有。

魏延之所以有这样的建议，是他断定镇守长安的夏侯楙是个酒囊饭袋，一定会逃跑，长安剩一帮文官，不会领兵打仗，肯定守不住。粮草问题也好办，在长安周围打劫魏军就好了。

诸葛亮不说话，心头思忖：

第一，如果夏侯楙不逃跑，率兵死守，怎么办？

第二，如果长安久攻不下怎么办？

第三，如果魏延抢不到军粮怎么办？

第四，自己带兵出斜谷，如果受阻，不能按时抵达怎么办？

不确定因素太多，计划赶不上变化。理想主义不好。蜀国家小业小，经不起消耗。

于是诸葛亮否决了魏延的提议，大军出兵阳平关，却又扬言兵出斜谷直取长安，同时派赵云、邓芝进据箕谷，做出真打长安的模样。故布疑阵这件事，没有谁比诸葛亮玩得更转。

得到军报，曹叡立即下令雍州刺史郭淮率兵驻防斜谷道口，同时命令曹真驻守郿城，准备以逸待劳。

两个最能战的，都被诸葛亮的疑兵牵制住了，陇右空虚。

诸葛亮兵出祁山，大军直逼凉州！

一时间，天水、南安、安定诸郡望风而降，形势大好。

但是，诸葛亮不敢乐观。形势大好的背后，其实是极大的考验。大片地区仍旧被魏国控制，曹魏出兵是慢了些，但是，国力远超蜀国，一旦动起来，就像一辆巨大的战车，一路直冲碾压而过，蜀国很难抵挡。

此次兵出祁山，成败关键在于街亭。

如果诸葛亮北伐成功，蜀汉便能跨益州、凉州两个州，与东吴一起，如同剪刀的两个利刃，对曹魏形成夹击之势。而且凉州产马，又靠近长安，夺得凉州后的蜀国实力倍增。

想要北伐成功，就要断绝曹魏对凉州的支援。

曹魏支援凉州的道路有两条：陇山道与陈仓渭水道。陈仓渭水道虽快，小路难以容纳大军，且道路出口上邽守将郭淮的军队被天水冀县的诸葛亮本部抵住，两军对峙，此路不通。所以张郃援军只能走陇山道，街亭是他的必经之路。诸葛亮要想拦截张郃，此地也是据点。

如果街亭能够抵挡张郃的援军一阵子，诸葛亮就有时间吞掉南安、陇西郡，聚集起分散在各地的军队，与本部会合后，既可以分兵支援街亭，也可以合兵吞掉上邽的郭淮，占领凉州。

这么重要的地理位置，当然需要一个能干的将领把守。千挑万选，诸葛亮挑了马谡。

按《三国演义》的演绎，诸葛亮不是不知道司马懿厉害，他料定司马懿带兵出关，必取街亭，断他的咽喉，但是，他信了马谡这个大话精：

孔明曰："街亭虽小，干系甚重：倘街亭有失，吾大军皆休矣。汝虽深通谋略，此地奈无城郭，又无险阻，守之极难。"

谡曰："某自幼熟读兵书，颇知兵法。岂一街亭不能守耶？"

孔明曰："司马懿非等闲之辈，更有先锋张郃，乃魏之名将，恐汝不能敌之。"

谡曰："休道司马懿、张郃，便是曹叡亲来，有何惧哉！若有差失，乞斩全家。"

孔明曰："军中无戏言。"

谡曰："愿立军令状。"

于是军令状立了，孔明又派了精兵和上将助他，因为自大、无知和愚蠢，马谡还是把街亭丢了。死不足辞其咎。

想当初，司马懿使人打听是何将引兵守街亭，回报曰："乃马良之弟马谡也。"司马懿笑道："徒有虚名，乃庸才耳！孔明用如此人物，如何不误事！"

一着棋错，满盘皆输。没有街亭阻挡，曹魏铁骑将源源而来，诸葛亮第一次北伐失败，退兵汉中。

第四节　一个巨头的倒下，意味着
另一个巨头有了机会

曹叡这个魏国的小皇帝抵挡住了蜀国诸葛亮的大举进攻，这是值得骄傲的。

照理说，此时三个国家都应当休养生息，三足鼎立，各自养精蓄锐。有长江阻隔，魏国和吴国应该相安无事；有秦岭的阻隔，魏国和蜀国也应当相安无事。

但是，静态的平衡是不可能的，这种天下布局，讲的就是你打我我打你。所以，太和二年（228 年），司马懿入京朝觐，曹叡问计，是伐吴还是伐蜀，他给出了伐吴的建议。

这个，想必也是司马懿一直以来的念想，所以对此早有成熟的考虑：他想着，和擅长水战的东吴打水战，前提是要偷偷练好水军。练好之后，来个声东击西，派陆军攻宛城，孙权带主力部队救援宛城时，魏国水军奇袭夏口。

曹叡大喜，命他回宛城督造舰船，训练水军去。

直到现在，司马懿除了零星打过两仗，他领导的荆豫地方军队没多少仗可打。第一，它不正面抵敌蜀国；第二，它不正面抵敌吴国。司马懿献计是为了给自己创造领兵打仗、当主力的机会。

曹叡到底是年轻人，急不可耐，没等战船造好，已经下令三路大军，陆路伐吴：

第一路，大司马曹休，直取宛城。

第二路，建威将军贾逵，直取东关。

第三路，骠骑将军司马懿，直取江陵。

司马懿不会和曹叡正面对抗的，他立刻乖乖地停工点兵，奉命出征。

兵行半路，圣旨又到：贾逵奔宛城，增援曹休。

为什么皇帝心意变化这么快？问题出在曹休身上。

曹休是带兵对抗东吴的主力，这天，他收到东吴鄱阳太守周鲂寄来的信，信中大吐苦水，说不受吴主信任，所以他要投降曹休。周鲂还把孙权在东部的军事部署都告诉曹休，想和曹休里应外合，直取江东。

曹休又喜又忧。喜的是东吴唾手可得，而且还是自己一人独得；忧的是万一周鲂诈降怎么办？所以他命细作刺探，探报回来，说是周鲂确实和吴主不睦。

曹休顾虑尽去，奏报曹叡，曹叡大喜，当即下令：曹休率主力部队全速前进；贾逵的中路大军即刻与曹休会合，以作支援；司马懿东路的部队距离太远，先回宛城。

雄赳赳气昂昂地出发，却灰溜溜回来，司马懿丢脸丢到家了。

时任尚书的蒋济觉得周鲂投降这件事很有问题，所以他不赞同把三路大军平推伐吴变成曹休一支劲旅孤军深入——万一被吴军切断后路不就都死了？所以他向曹叡谏止。

中路军贾逵帐下的满宠也有相同的忧虑，因为周鲂跟曹休约定会合的地方是洼地，且道路险要，一旦被断了后路，容易被人包了饺子。所以他也向曹叡谏止。

曹叡被臆想中很快到来的胜利冲昏头脑，不听。

曹休立功心切，也不听。

君臣二人押了一注孤丁，胜利的希望系于周鲂一人。

他们都没有想到，孙权打压周鲂是真的，周鲂叩头求告也是真的，然而这一切又都是假的，不过是东吴君臣二人唱的一出双簧戏罢了，一出苦肉计。

曹休上钩，孙权大喜，速布疑阵。一方面把陆逊、朱桓、全琮等率领的主力部队全部调往东线；一方面大张旗鼓，兵出安陵，做出一副从西路进兵的模样。

蒋济一看战报，马上觐见曹叡，请求下旨，令曹休撤兵：东吴从西线的安陵出兵，这是蠢到要和曹休的精锐大军硬碰硬的架势，一定是假的！

估计孙权早就在东部暗中部署，专等我军上钩。

曹叡恍然大悟，立刻下诏，并且让贾逵火速前进，去接应曹休。

来不及了，曹休的军队已经钻进东吴的伏击圈，陆逊、朱桓、全琮带兵一阵猛打，曹魏军队屁滚尿流。若非贾逵接应，曹休休矣。

悲剧，彻头彻尾的悲剧。

此次伐吴失败，东部战线尽毁。

曹休回家待罪，上表说此次失败都是因为贾逵迟于接应。贾逵上表自辩，二人打嘴仗打个不亦乐乎。曹休气怒交加，背生痈疽，一命呜呼。

曹休当初被曹操誉为"千里驹"，此次马失前蹄。

最大的军中巨头倒下了，他留下的权力空白，谁会填补呢？是曹真，还是司马懿？

第五节 郝昭守城

三国争战到了后期，三个国家基本上都是人才空虚的状态，"蜀中无大将，廖化作先锋"的窘境魏国也存在。

军事人才原本就是尸山血海中搏杀出来的，如今死一个少一个，想如同当初雨后春笋那样这一片那一片，几乎是不可能了。

曹叡苦于无人可用，下令公卿大臣各自推举良将一名——此举荒谬得很，良将岂是说推举就能推举得出来的。

国少良将，却不少战争。

蜀汉建兴六年（228 年）年底，诸葛亮再次出兵散关。

蜀汉大军来到陈仓，这里城池不大，守将叫郝昭，太原人，部下只有士兵一千余名。像这样的小城，往往都是望风而降，没想到郝昭却紧闭城门，死不肯降。

不过打亦无可打，诸葛亮陈大军于外，施以威压，派一个叫靳祥的同乡劝降。靳祥与郝昭私交甚好，想着必定能够马到成功，谁知道到了城下，郝昭连门都不给他开。

从军将近二十年，郝昭最擅长的就是守城战。如今，诸葛亮真的来攻城了，他心里兴奋得很。

靳祥无功而返，诸葛亮不信郝昭骨头这么硬，派靳祥再去喊话。靳祥被郝昭箭指，吓得落荒而逃。

诸葛亮下令全军攻城。

诸葛亮原本就是个绝顶聪明的人，手巧心灵，会搞发明创造。这次打仗，用上了他改良的云梯，梯下是车，车下有轮。车上的梯子可以折叠，尽头是搭钩。士兵持盾护身，缘梯而上，可登城墙。

还用上了冲车。冲车的下层是推车的大力士，上层是攻城的士兵，抬着撞木撞城。冲车外面裹着湿牛皮，可以防火。

两样杀器一起上，士兵们在下边撞击城门，上面抢登城楼，看起来攻城战的布局无懈可击。

可是魏军将一片片浸了油的麻布绑在箭上，点着，随箭射出，密如飞蝗，点燃了云梯，蜀军纷纷烧伤坠落。

至于冲车，被一个个用绳子拴着的大磨盘抛下，砸，再砸，直到砸扁、砸碎、砸散。

诸葛亮大军波澜壮阔，气势恢宏，却撞上了郝昭用一千多人垒出的防波墙。

诸葛亮再出奇招：派一队军士填护城河，一队军士挖地道入城，一队军士用井阑进攻。

井阑，相传是战国墨子的发明。它是一种移动箭塔，底部有轮，顶部是塔楼，士兵站在顶端，居高临下，向城里射箭。射出去的不是单发，而是十发连弩——诸葛亮改良出的又一个大杀器，能同时射出十支铁箭！

井阑一出，守城士兵果然死伤惨重。

护城河也被蜀汉士兵用成千上万的土袋填满，蜀军一拥而上，包围陈仓。第一队和第三队蜀军士兵都建了功。

诸葛亮派出的第二队士兵马上开始挖地道，从地下进城。

然而，他们怎么也没有料到，这座小小的陈仓居然还有一座内城，他们攻打的只不过是外城。魏军全部撤入内城，连弩射程不能及也。而挖地道的蜀兵悲催地发现，他们只是把人家的又宽又深的壕沟给挖通了，然后被一个个提上来，一刀一个解决掉。

郝昭一边和诸葛亮拼死抵抗，一边派人报急。曹真得信，马上派将军费曜、王双星夜重兵驰援，又派人向洛阳求救。

曹叡急召名将张郃，点精兵，救陈仓。

张郃笑着说诸葛亮深入我大魏地盘，无粮草接应，不等我到，他就退兵了。话虽如此，但是一点不敢耽搁，日夜兼程而去。

张郃是对的，诸葛亮围攻陈仓二十余日，粮草耗尽，听到曹真派费曜带援军赶到，下令退兵。二次北伐，遇上一粒硬核桃，再次无功而返。

蜀军撤退，魏将王双想捡便宜，乘胜追击，却不料诸葛亮撤退也撤退得很有格调。《三国演义》里，孔明奉后主之命退兵，他是这么退的：

> "吾今退军，可分五路而退。今日先退此营，假如营内一千兵，却掘二千灶，明日掘三千灶，后日掘四千灶：每日退军，添灶而行。"
>
> 杨仪曰："昔孙膑擒庞涓，用添兵减灶之法而取胜；今丞相退兵，何故增灶？"
>
> 孔明曰："司马懿善能用兵，知吾兵退，必然追赶；心中疑吾有伏兵，定于旧营内数灶；见每日增灶，兵又不知退与不退，则疑而不敢追。吾徐徐而退，自无损兵之患。"

王双这么肤浅的人和这么一位多智近妖的人打，怎么胜？他赶上诸葛亮，结果诸葛亮霎时前军变后军，后军变前军，一声令下，大举进攻，魏军被破，王双被斩。

诸葛亮从从容容退回汉中。

第六节　兵出子午谷

郝昭打这一仗，心血耗尽。电视剧《我的团长我的团》里，龙文章劝孟烦了结婚的时候说过一句话：当兵的累心，赶上打仗，一年耗十年的心力。这话听着可怜。这个疯疯癫癫的龙团长，永远睡觉睁着一只眼，战备的时候管士兵的吃喝军需，打仗的时候指挥作战，抠到一个个细节。而且打仗死的有敌人，也有自己的兄弟袍泽。

郝昭也没有想到蜀军如此擅攻城，招数层出不穷。实在没办法，连坟里的棺材都挖出来做了守城材料。

粮不绝而弹已尽，一千精兵，死伤大半。什么叫战争？战争不是什么光荣与梦想，战争是污血与呻吟，是悲惨地死和劳瘁地生。

援军至，陈仓得救，郝昭时年三十八岁，却一日老十年。

皇帝的封赏接连而至，他却无福消受，一病不起。临死，他交代儿子："我做过将领，知道将领难当。你以后不要走我的老路。我打到艰苦的时候，不惜挖坟掘墓。我死后也不要厚葬我，我平时穿什么衣裳，死时也穿什么衣裳。随便把我埋在哪里都可以，反正死了就什么都没有了。"

那个年代的一个无神论者。

街亭之战其实不是《三国演义》里演绎的那样，不是司马懿打的，而是老将张郃打的。

张郃打了街亭，郝昭守了陈仓，他们都归曹真领导，所以他们的功劳当然算曹真的功劳。于是曹真顺理成章被封大司马，顶了曹休死后留下的缺。而且赐他"剑履上殿，入朝不趋"——别的大臣上殿，都不能带武器，而且要小步快走，以示对皇上恭敬，只有他可以身佩宝剑，大踏步，气昂昂。

而且，不是他还能是谁呢？司马懿至今都没什么拿得出手的战绩和功勋。

诸葛亮两次北伐失利，成全了曹真。

郝昭死后的第二年春天，蜀将陈式带兵攻打曹魏西部边境的武都、阴平二郡。

雍州刺史郭淮点起本部兵马，直扑陈式，却没想到陈式背后是诸葛亮。诸葛孔明率军出现在建威，郭淮闻风丧胆，全军撤退，武都、阴平二郡被蜀汉拿下。蜀汉领土扩充一大片。

诸葛亮曾经因街亭之战自贬三级，如今后主命他官复原职。

曹真压力很大。

他不想再被动防守了——蜀、魏边境线太长了，谁知道诸葛亮会从哪里冒出来，干脆主动出击。

他给曹叡上奏，要兵出子午谷，远征蜀汉。

子午谷是个神奇的地方。诸葛亮北伐时，魏延献的计就是要兵出子午谷：

> 夏侯楙乃膏粱子弟，懦弱无谋。延愿得精兵五千，取路出褒中，循秦岭以东，当子午谷而投北，不过十日，可到长安。夏侯楙若闻某骤至，必然弃城望横门邸阁而走。某却从东方而来，丞相可大驱士马，自斜谷而进。如此行之，则咸阳以西，一举可定也。

孔明不同意：

> 此非万全之计也。汝欺中原无好人物，倘有人进言，于山僻中以兵截杀，非惟五千人受害，亦大伤锐气。决不可用。

子午谷在陕西长安县南，是关中通汉中的一条谷道。秦岭六条连接西南的大道中，它是最险峻的一条，长三百多公里。历史上多次有兵家企图穿越，却从来没有人成功。史学家有"秦岭六道，子午为王"的感叹。

曹真要兵出子午谷，真不怕死对头派兵截杀吗？只能说他的官越当越大，胆子也越来越大了。而且魏明帝曹叡居然也同意了，看来是被两场大胜利冲昏了头脑。

于是，曹真率领雍凉军队从长安出发，走子午谷南下。同时，曹叡命令接替了曹真大将军职位的司马懿率荆豫地区的军队沿汉水而上，从上庸地区的西城进攻。最后两支部队在南郑会师。

司马懿有点无奈。好大喜功的曹休，好大喜功的曹真。这些宗室将领，一个个的，都这么好大喜功。

但是，他仍旧奉旨出发了。曹真已经出发，此刻再上表反对有什么用？反正该来的总会来，该有的结果总会有。

这个人好像不是那么积极地钻营，所以总是不红不黑；但是又好像总是那么好命，不显山不露水，就能爬到高位。

第七章
卧龙冢虎之对决

第一节　心不大的人命难久

太和三年（229年）八月，曹真兵出子午谷。

司马懿也奉旨出征。

诸葛亮是什么人？他早在南郑的西、东两个方向修筑了汉城和乐城，严防曹魏奇袭。魏军进攻的消息传来，诸葛亮趁机兵出陇西。

我打你是为了不让你打我，这是诸葛亮的道理。

诸葛亮给驻防江州的前将军李严写信，请他带两万士兵北上汉中协防以及北伐。

李严这个人，腹中有鳞甲。

蜀汉建兴四年（226年），诸葛亮在汉中准备发兵伐魏，他想调李严率军镇守汉中，李严就想尽办法，推托不去，并要求划分五个郡作为巴州，自己来担任巴州刺史。诸葛亮没有答应。

此前，他还曾经劝诸葛亮受九锡，晋爵称王，被诸葛亮驳斥。

李严的同乡尚书令陈震私下里对诸葛亮说"李正方腹中有鳞甲"，意思就是李严此人心术不正，可能会搞事。诸葛亮以国事为大，想和他相忍相安，与其讨伐他，不如褒奖他，哄着他为国出力。

这次，李严不满被调离江州，又玩花样，私下散播传言说司马懿等已经设置了官署职位来诱降他——就跟现在的想要升职加薪的人一个套路，放话出去说一个大公司要请我了，许给我什么职位、什么薪酬，如何如何。诸葛亮心里敞亮得很，上表升迁李严为骠骑将军，又表奏其子李丰接手江州防务，李严这才愿意北上汉中。

这样一来，兵力够用了，诸葛亮不再左支右绌，可以一边防守，一边出击。

但是，曹魏大军不来了。不是不来，是来不了了。

夏侯霸的父亲夏侯渊当年被蜀汉大将黄忠斩于阵前，葬身汉中的定军山下。夏侯霸念及父仇，率领先锋队排除万难，先期抵达汉中。

"排除万难"这四个字是拿人命填出来的。许多魏兵踩空跌下悬崖，幸存的士兵到了此地，也已经士气低落，体力耗尽。

夏侯霸下令三军扎营休整，却没想到前方不远就是蜀军的军事据点——兴势围。兴势围的蜀军迅速出击，把夏侯霸的军队杀得落花流水。夏侯霸眼看就要命丧于此，幸亏援军到来。

兴势围的蜀军一看没什么便宜可占，也就退兵，魏军才得以继续前进。

漫长、蜿蜒又狭窄的山道，崎岖湿滑。暴雨倾盆，云遮雾罩。魏军拉成散兵线，像一个一个被截断的省略号，手攀脚踩，小心翼翼。稍有不慎，肉体跌落时甚至都听不见咚的一声，只有声声惨叫"啊——""啊——"地传来。

蜀道难，难于上青天。

"连峰去天不盈尺，枯松倒挂倚绝壁。飞湍瀑流争喧豗，砯崖转石万壑雷。其险也如此，嗟尔远道之人胡为乎来哉！"

秋霖不断，各地上报水灾的表奏不断。一开始就反对伐蜀的陈群上表进谏，太尉华歆、少府杨阜、重臣王朗的儿子王肃也一起上疏，曹叡下令班师。

司马懿也得到圣命，快乐地撤退了。

司马懿从西城出发，誓师口号喊得要多响亮有多响亮，然而行动起来却像百年老龟，慢慢腾腾；又像八十老头，咳着，喘着，在巴山蜀水之间一步一挪。他号称的"水陆并进"，两个月行军不到五百里。三年前他出征讨伐孟达，八日行军一千二百里！

《晋书·宣帝纪》上说司马懿抵达了朐忍。朐忍在巴东，与原定会合地点南郑南辕北辙。

他早就知道此次北伐不行。

大司马曹真无功而返，急火攻心，没过多久一命呜呼。

曹真、曹休、夏侯尚，曹丕提拔起来的三大将领悉数去世。就像多米诺骨牌一张张倒下，司马懿这个本来搞行政，却握着兵权的文官，笑到最后。

夏侯尚是气死的，曹休是气死的，曹真是气死的。心不大的人命难久。

第二节　分明找死

太和五年（蜀汉建兴九年）（231年）二月，诸葛亮再次举兵北伐，兵出祁山，剑锋直指陇右。

消息传到洛阳，曹叡召集群臣，居然有人提议，干脆不打，地方军队坚守不出，诸葛亮带不了许多粮草，消耗完就会走（"不击自破，无为劳军"）。

可见诸葛亮前几次北伐，实在是让曹魏觉得没什么可怕的。打疲了，随他打，反正他也打不出什么花样。

但是这么没谱的事曹叡不干。曹叡下诏，命司马懿即刻前往长安，接替曹真统率西线大军，阻击诸葛亮。曹叡说："西方有事，非君莫可付者。"

司马懿很感动。

他是冢虎，不是吊睛白额时刻想食主的恶虎。

但是冢虎也是虎，不是猪。

如今，卧龙和冢虎要对上了。

天地做背景，光阴为幕布，三国最精彩的龙虎斗马上上演。

首先，粮食是个大问题。曹真去年伐蜀，把陇右的存粮吃光，今年粮食未熟，从别的地方临时调拨来不及。

所幸雍州刺史郭淮解决了这个大问题。自从得知诸葛亮征伐陇右的消息，他立刻给西北的羌胡部落写信要粮，软硬兼施。郭淮在羌胡部落中威望极高，而且他对于附近部落的数目、人口、粮储摸得清清楚楚，他们只好乖乖地把粮食运过来。

郭淮把粮草问题完美解决，让司马懿格外青目。

青目的另一个原因是，除了郭淮，西线的高级将领都不怎么看得起他，起码是不怎么买他的账。毕竟曹真经营多年的地盘，他一个半辈子都干文职的家伙空降下来想领导大家，他算哪棵葱。

张郃身为曹魏"五子良将"中硕果仅存的一个，司马懿起家的全过程他都看在眼里，他想：不就是先皇恩宠的一个前朝太子党？

司马懿能够感受到这种不屑，而且张郃是把这种不屑落实到行动上的。司马懿安排什么，他不同意什么；司马懿怎么部署，他怎么唱反调。

司马懿派费耀、戴陵留四千精锐驻守产粮大县上邽，他自己要亲自率主力前往祁山压制蜀军。张郃反对，怕诸葛亮声东击西，佯攻祁山，蜀汉大军却从褒斜道奔袭长安，所以，应该在长安附近留一部分军队。

司马懿不同意：如果诸葛亮的主力在祁山，分兵也就分散了战力，怎么对蜀军产生压倒性优势？如果诸葛亮的主力真的走了褒斜道，分兵也同样分了战力，留在长安的军队怎么抵得住诸葛亮的袭击？

所以，司马懿率军向祁山而去。

战争就是在此消彼长中寻求经验。魏、蜀第一次战争结束后，魏国在祁山上设置了一座要塞，由贾栩、魏平二人驻守。于是诸葛亮兵出祁山的难度大大增加——他对于陈仓一战至今记忆犹新。

所以当他得知司马懿大军直奔祁山，一声令下，蜀军直扑上邽。攻打祁山的只剩小股部队，障眼法而已。

蜀军前锋兵临上邽，守将费耀、戴陵立刻出击。守军以为是偷粮的蜀汉小贼，却没想到大兵排山倒海而至，黑压压铺满平地，大纛飘扬，上写斗大的"诸葛"二字。

他们做梦也没有想到，来的是诸葛亮亲率的蜀汉主力部队！

诸葛亮威名震天下，魏军自乱阵脚，兵败如山倒，残部逃回邽城，龟缩着再不敢出来。

诸葛亮鹅毛扇轻挥，蜀军客串农夫，下地收麦——山长水远，补给艰难，上次就吃了补给的亏，这次不能再跳进同样的坑了。这个产粮大县不好好利用起来，简直对不起这里出产的粮食。

司马懿听到斥候报告，明白诸葛亮是在声东击西，立刻下令辎重压后，大部队轻装前进，增援上邽，两日即至。

诸葛亮下令决战。

这才是他真正的目的，一环扣一环，一计生一计。兵出祁山，原来祁山只是诱饵，真正的目标是上邽；上邽收粮，原来收粮也是一石二鸟，既补给军粮，又以逸待劳，与远道而来的魏军决战于野。

想到诸葛亮深沉的心机，司马懿心里有些发寒。

诸葛亮长久活跃在军事指挥第一线，套路连着套路，心计套着心计。司马懿虽握兵权，实际指挥作战的能力，说实话，远比不上孔明厉害。

此时应战，分明找死。

第三节　要我暗黑，我便暗黑

司马懿最不肯干的事就是找死。

这个人永远不会硬碰硬，他的字典里基本上也找不到"风骨"二字。

他唯一一次显示风骨，装病卧床了七年，最后还是乖乖去给曹操当差；为曹丕服务，从不直触曹丕逆鳞；到了曹叡这一代，面对小一号的秦皇汉武，他更是龟缩起来，收敛自己。

这样阴深的心思，如同骄阳下的绿荫里长着的星星点点不起眼的小花小叶。面对诸葛亮强到爆炸的气势，他仍旧像以前那样，收起来，缩起来。

司马懿下令，全军在上邽以东三十里处安营扎寨，坚守不出。

他骂任他骂，我就不出。

诸葛亮能怎么办？无论怎样骂，骂得怎样损，人家不肯出来呀，只好继续割麦。

诸葛亮是天才，做"木牛流马"以运粮。

木牛和流马都是诸葛亮的发明。单凭这一手，他就可以跻身发明家之列。可惜，这个光环被他政治家、军事家的光环给掩盖了。据记载，木牛的做法如下：

> 木牛者，方腹曲头，一脚四足，头入领中，舌着于腹。载多而行少，宜可大用，不可小使；特行者数十里，群行者二十里也。曲者为牛头，双者为牛脚，横者为牛领，转者为牛足，覆者为牛背，方者为牛腹，垂者为牛舌，曲者为牛肋，刻者为牛齿，立者为牛角，细者为牛鞅，摄者为牛秋轴。牛仰双辕，人行六尺，牛行四步。载一岁粮，日行二十里，而人不大劳。

可是蜀军前脚割麦，后脚魏军轻骑冲出来，一阵乱杀乱砍，麦田里蜀军尸首纵横。

等蜀军的援兵至，魏军又缩回龟壳子里。

魏军擅骑兵，蜀军擅步兵，割麦抢收运动中，魏军完胜。

一天、两天、半个月、一个月，你骂阵我不出，你割麦我骚扰。活脱脱的堡垒战加游击战的结合体。

魏国援军仍旧一批批地送到，辎重也随后而至，魏军装备一新，武装到牙齿。再打无益，诸葛亮下令撤军。

蜀军后队变前队，秩序井然，蜀军向祁山以东三十里处的卤城撤退。

司马懿登高远望，啧啧赞叹：退也退得这么有派头。

然后下令：追。

撤退中的诸葛亮也不是好惹的，此前早有王双领教过，如今司马懿是想重蹈覆辙吗？张郃反对：诸葛亮想速战速决，我们就跟他打持久战，这个没错；如今诸葛亮知难而退，我们去追击，不是明摆着给擅长野战的他们打我们的机会？还不如派奇兵偷袭蜀军后路，把他们越快赶出去越好。

张郃说得对，但是司马懿不听。

还是那个字：追。

就像苍蝇，你走到哪里，它嗡嗡叫着追到哪里，追得你烦得要死，回身拿苍蝇拍想拍死它，结果苍蝇躲进乌龟壳里。

这就是司马懿的策略。诸葛亮安营扎寨，回身准备决战，司马懿再次龟缩起来。

于是"你骂由你骂，我就不出战"的戏码再次上演。

魏军祁山守将贾栩、魏平被骂得气怒难平，修书一封，派人下山送给司马懿，嘲笑他畏敌如虎，徒惹天下人耻笑。

看了信，司马懿扯扯嘴角。

"全军出击。"司马懿下令。

他派张郃攻打南部的蜀军大寨，自己率领主力攻击北寨。

诸葛亮命王平扼守南路，魏延、高翔和吴班率领主力迎战司马懿。

主力对决，终于开始。

张郃被老对手王平打得大败，狼狈而回。司马懿的主力被猛将魏延打得很惨，死伤无数。

收兵回营，各自盘点，蜀军大胜：斩首无数，魏军大小将官被砍头的就有三千人。蜀军缴获铁甲五千副、弓弩三千一百张。

中军帐中，司马懿目光冰冷。众将都不再愤怒，似乎忘了前不久还在一声声催促司马懿出兵，决一死战。

如今决战的结果摆在面前，哀号声一片。

这既是他不想看到的结果，又是他想要的结果。

死了这么多人，损失了整个弓弩队，一场大败，才让大家认清了他司马懿才是真正看得清局势的权威。

这个家伙不是善类，需要等待的时候，他绝对不心急。

第四节　第一次交锋

战争并不永远是枪刀交织，鲜血迸溅，胳膊腿乱飞。战争有各种形式、各种状态，各有它们的残酷与无奈。

这次，战争重新进入胶着状态。

秦岭进入雨季，粮道难行，蜀军大营的粮食难以为继。

诸葛亮再怎么也没想到，司马懿会这么无赖！打又不打，逃又不逃，他就那么粘着你、追着你。你打他，他就像乌龟一样缩起来；你撤兵，他就像苍蝇一样嗡嗡嗡。

赖皮！

而且，诸葛亮没想到，自己的阵营也开始出幺蛾子。

中都护李平，即原来的李严，后来改名李平，他不是留守汉中，负责后勤保障供应吗？他又开始玩心机。

李严原本是封疆大吏，如今却成了运粮官，本来就心理不平衡。如今秋霖已至，道路泥泞难行，粮草难以为继。粮草不能按时接续，他就是贻误军机的大罪人。

一念及此，左思右想，居然写信给诸葛亮告急：

> 近闻东吴令人入洛阳，与魏连合；魏令吴取蜀，幸吴尚未起兵。今严探知消息，伏望丞相，早作良图。

孔明览毕，甚是惊疑，乃聚诸将曰："若东吴兴兵寇蜀，吾须索速回也。"

于是，一声令下，全军撤退。

蜀汉大军徐徐而退，徒留一座空城，城上遍插旌旗，城内乱堆柴草，虚放烟火。大兵尽望木门道而去。

司马懿大喜，问谁敢去追，先锋张郃愿往。司马懿刚开始不欲他去，怕他性子急躁，张郃不依，于是司马懿叮嘱："蜀兵退去，险阻处必有埋伏，须十分仔细，方可追之。"

于是张郃带五千兵先行，司马懿让魏平引两万步兵后行，以防埋伏，自己则引三千兵随后策应。

木门道两侧山势险峻，张郃不出所料地进了圈套。诸葛亮派王平断后，配备着诸葛连弩，埋伏在木门道的两侧。张郃带兵至，王平一声令下，万弩齐发，将张郃并百余个部将尽皆射杀。

司马懿与诸葛亮的第一次交锋，剧终。

这是《三国演义》中的情节，把张郃塑造成一个莽夫。事实上，是司马懿主动命令张郃追击，张郃不情愿："军法，围城必开出路，归兵勿追。"（《三国志·张郃传》注引《魏略》）

但是军令如山，他不敢不去。这一去就是个死。年过六旬，百战成名，却死于司马懿的心机下。

司马懿怎么肯让别人挑战他的权威，他一定要让自己在权限范围内，享有绝对的权力。就像诸葛亮一样，想实施自己的方针，就要集权，不能被人处处掣肘，时时受制。

所以，张郃此时不死，他日必死。

这次交锋，诸葛亮算是败了。

回到汉中，他要去成都见刘禅。李严怕他和刘禅一对面，把自己暴露出来，来个先发制人，先跑去向后主刘禅禀报："我已经把军粮都预备好啦，马上就要押运到丞相的军前啦，不知道丞相为什么忽然班师回朝了。"

刘禅莫名其妙，特地从成都派费祎来汉中，问孔明班师缘由，诸葛亮大惊："是李严给我写信告急，说东吴要派兵攻打我部，我才赶紧回来的。"

费祎说："李严上奏，说自己军粮办好，丞相却无故撤兵，所以天子特地派我来问你因由。"

孔明令人访察，原来是李严因军粮不济，怕丞相怪罪，故发书引回他的军队，又妄奏天子，遮饰己过。

孔明大怒："匹夫为一己之故，废国家大事！"

诸葛亮要斩李严，这个不需要经过刘禅同意，他自己就可以行使军中权力。费祎劝他先放李严一马，然后自己奏明后主。后主也大怒，命斩之。幸得蒋琬求情，念李严是先帝托孤之臣，谪为庶人，徙于梓潼郡闲住。

使心用心，害了自身，还害了国家前程。

但是，即使如此，诸葛亮也没有对他赶尽杀绝。他写信给李严的儿子李丰，勉励他继续为国家效力，命李丰做了长史。

诸葛亮仁厚，三国时代，像他这样玩了权术又没有血流成河的，绝无仅有。

蜀汉政权内部的集团之争，至此归于一统。

魏国军界没了张郃，再没有人可以掣肘司马懿；蜀国军界没了李严，再没有人可以掣肘诸葛亮。

三年，诸葛亮积草囤粮，讲阵论武，整治军械，抚恤将士，为的是再次决战。

司马懿等着。

第五节　备战、备荒

世上人像水上漂着的葫芦瓢，这一刻这几个浮起来，下一刻那几个沉下去，命运的大手拨弄之下，很多人都身不由己。这天，魏明帝曹叡接到一封信。

一个久被忽视的藩王写来的。这个藩王叫曹植。

他已经很久没有出现在大众的视野。曹魏人事更迭，没有他的身影；曹魏和蜀国打得热闹，没有他的位分。

当年他打马观花，衣带风流，笔走龙蛇，深受钟爱；如今籍籍无名，在自家的封地里，过寂寞清苦的日子。

大约是寂寞得狠了，他上书曹叡，希望陛下能够解除封禁，使曹家分封的诸侯王能够不再如囚徒一般，被软禁、受监视。

上一代人的恩怨纠葛也好，朝堂政治的权力攻守也罢，曹叡对于这个叔叔的感觉不坏，所以他下诏宽恩，对曹植等诸侯王解除不必要的监视。

整整十一年，十一年里，曹植喝酒买醉，却不敢激扬放歌，指点江山。他的壮志被从岁月深处扬起的风沙吹得面目全非。

但是，哪怕是在野，曹植也是王，他有着王家子弟与生俱来的责任感。

见侄子对诸侯王的政策松动，曹植趁热打铁，以不惑之年，上了一篇《陈审举表》，矛头直指异姓权贵对曹魏政权的危害：

> 近者汉氏广建藩王，丰则连城数十，约则飨食祖祭而已。未若姬周之树国，五等之品制也。若扶苏之谏始皇，淳于越之难周青臣，可谓知时变矣。夫能使天下倾耳注目者，当权者是矣。故谋能移主，威能慑下。豪右执政，不在亲戚。权之所在，虽疏必重；势之所去，虽亲必轻。盖取齐者田族，非吕宗也；分晋者赵、魏，非姬姓也，惟陛下察之！苟吉专其位，凶离其患者，异姓之臣也。欲国之安，祈家之贵，存共其荣，没同其祸者，公族之臣也。今反公族疏而异姓亲，臣窃惑焉！

总而言之，他不赞同皇帝重异姓而疏骨肉。因为权力在手，虽然不是皇亲，但其地位照样尊贵；权力离手，即使是皇亲，也会微不足道。

战国时，取代齐国的是田氏家族，并不是齐国宗室；瓜分晋国的是赵、魏家族，并不是晋国宗室。国家太平时独占权位，国家危难时逃离的人，都是异姓的大臣；而生存的时候共享富贵，死的时候同患难的人，是同姓皇族中的大臣。

如今却反过来了，皇族被疏远，异姓却被亲近，这样不好。

事实证明，曹植的政治远见是出色的，曹叡死后，曹魏政权果然为司马氏取代。

116

但是，曹植上表之时，司马懿正在边境热火朝天地对抗诸葛亮，所以曹叡只轻飘飘地安慰了他这个不得志又急于想为朝政所用的叔叔几句，这事就算过去了。

不过，雁过留声，曹植的思想如同一小滴露水，滴在草叶上，看似被太阳晒得消失不见，实则也有一些渗进小草的血脉，时移事易，它总归会发作。

只不过，曹植见不到了。他从此一蹶不振，一病不起，郁郁而终。

这件事司马懿并不知情。

诸葛亮退兵，司马懿判断，诸葛亮此次必定要把粮草蓄积充足，才会再来进犯，所以，三年之内无战事。

而且，三年之后，诸葛亮也会想办法打野战，而不是打攻坚战，所以，他再次进犯应当是在一马平川的关中。

有了这样的预判，司马懿开始有条不紊地展开下面的工作：

首先，陇右缺粮，他从冀州征调了大量农民，让他们在上邽地区屯田。

然后，关中是产粮大区，司马懿开始在这里兴修水利，一项是成国渠，一项是临晋陂，进一步提高粮食产量，应对将来要发生的两军旷日持久的对抗带来的对粮草的巨额消耗。

最后，他上奏魏明帝曹叡，又在京兆、天水、南安设立"监冶谒者"，在这三地大兴冶炼业，日夜赶工，打造更多的兵器甲胄。

千言万语四个字：备战、备荒。

第六节　该来的总要来的

很多时候，对手和敌人是最了解自己的人，他们比身边人更了解自己，因为他们无时无刻不在琢磨自己，异地而处，设身处地地想着自己会怎么想、怎么做，该怎么排布棋子。

诸葛亮和司马懿这个敌手想到一起去了。粮食始终是他的心头之痛，所以，这次他做的第一件事情也是屯田。

屯田的地点在黄沙，此地近河，肥沃而易灌溉。

他上次用了木牛运粮，此次，他又用上了流马。

据史载，流马的尺寸及做法如下：

　　流马尺寸之数，肋长三尺五寸，广三寸，厚二寸二分，左右同。前轴孔分墨去头四寸，径中二寸。前脚孔分墨二寸，去前轴孔四寸五分，广一寸。前杠孔去前脚孔分墨二寸七分，孔长二寸，广一寸。后轴孔去前杠分墨一尺五分，大小与前同。后脚孔分墨去后轴孔三寸五分，大小与前同。后杠孔去后脚孔分墨二寸七分，后载尅去后杠孔分墨四寸五分。前杠长一尺八寸，广二寸，厚一寸五分。后杠与等版方囊二枚，厚八分，长二尺七寸，高一尺六寸五分，广一尺六寸，每枚受米二斛三斗。从上杠孔去肋下七寸，前后同。上杠孔去下杠孔分墨一尺三寸，孔长一寸五分，广七分，八孔同。前后四脚，广二寸，厚一寸五分。形制如象，靬长四寸，径面四寸三分。孔径中三脚杠，长二尺一寸，广一寸五分，厚一寸四分，同杠耳。

有爱做手工的，可以试着做一下。

这是运输良器，不知疲倦，节省出来的人力可以做更多的事。

诸葛亮当然更不会忽略备战的大问题。

他的府里有一个能人蒲元。据宋代《太平御览》记载，蒲元在斜谷为诸葛亮造刀三千口。他造的刀能劈开装满铁珠的竹筒，被誉为神刀。

姜维写过一篇《蒲元别传》：

　　君性多奇思，得之天然，鼻类之事出若神，不尝见锻功，忽于斜谷为诸葛亮铸刀三千口。熔金造器，特异常法。刀成，白言汉水钝弱，不任淬用，蜀江爽烈，是谓大金之元精，天分其野，乃命人于成都取之。有一人前至，君以淬刀，乃言杂涪水，不可用。取水者犹捍言不杂，君以刀画水，云："杂八升，何故言不杂？"取水者方叩首伏，云实于涪津渡负倒覆水，惧怖，遂以涪水八升益之。于是咸共惊服，称为神妙。刀成，以竹筒密内铁珠满其中，举刀断之，应手灵落，若薙生刍，故称绝当世，因曰神刀。今之屈耳环者，是其遗范也。(《太平御览·兵部七十六》)

蒲元造刀很注意掌握淬火的步骤，对淬火用的水也很有讲究。他当时为诸葛亮造刀，到淬火的时候，蒲元发现当地的水质不好，不适合淬火，就派人回成都取蜀江之水。蜀江的水是最适合淬火的。

过了很多天，取水的人回来了。蒲元用取回来的水一淬火，就觉得不对劲。他问取水人说："你取回来的是蜀江的水吗？这水不纯，一定掺了别的江里的水，不能拿来淬火。你得重新去取水了。"

取水人分辩说："没掺别的水，这都是我亲自到蜀江取来的水！"

蒲元一听，用刀划了划水，说："这里面是有蜀江的水不假，但是也掺了别的水，你说是不是？"

取水的人见抵赖不过，只好承认说："我本来取的蜀江水，可是路过涪江的时候，不慎把容器打翻，水洒掉了一半。我怕回来交不了差，又担心延误工期，只好掺了一些涪江的水。请原谅我吧！"

这一来，大家更佩服蒲元的本领。

诸葛亮在黄沙屯备战两年，派大军把粮草用木牛流马运往斜谷口。又派出使者到东吴，和孙权约定来年一起出兵，东西夹攻，共打曹魏。孙权同意了。

要人才有人才，要装备有装备，要粮食有粮食，三年过去了，蜀国缓过劲来了，像一个巨人，现在渴望跟人干架。

三年过去了，魏国也做好准备了，粮草如山，兵器如林，司马懿威望如日中天，雍凉地区他一手遮天。

该来的总要来的。现在，来吧。

第八章

时不我与兮命已尽

第一节　主帅耗心

蜀汉建兴十二年（234 年）二月，诸葛亮率领十万大军，兵出斜谷。这次蜀汉举全国兵力，倾巢而出。

吴国也派大兵十万，分三路入魏。

曹魏应战。

魏明帝曹叡亲自统兵南下，抵御吴国。

他指示秦朗带两万兵力增援司马懿——这是魏国人数最多的机动兵力，会合后司马懿兵力大约十二万，对抗诸葛孔明。

三方大军三十万，陈兵魏境。赤壁之战后，兵力最大的一场战役一触即发。

诸葛亮像一截蜡烛，一剖两半，再把两半各自对剖，再化成两半，四截蜡烛同时燃烧，如今，他已将油尽灯枯，而壮志未酬。砸上蜀国所有本钱，他拼了。

这是他领导的第五次北伐，也是规模最大的一次北伐。

他的老对手司马懿凝神屏息，准备迎战。

卧龙和冢虎对上，历史的天空上，命运的巨眼静静凝视苍穹之下的这场对决。

司马懿亲率主力，扎营渭河南岸。

此前他的部下主张把部队驻扎在渭水北岸，以渭水为防线，这样一来，蜀军就不敢贸然渡河，毕竟"兵半渡而击之"的兵法不是白说的。

但是司马懿不肯把整个渭南地带都让给诸葛亮，粮食和边境的百姓都在渭南呢，此乃兵家必争之地，若是这都不争，打仗还有什么用。

于是，深沟高垒、背水扎营，死守渭南。

诸葛亮率军赶到渭水附近，已经晚了一步。原本他想出武功，依山而东，直逼长安三辅，威胁关中心脏；但是，要道已被渡河背水列阵的魏军牢牢把控，为保险起见，于是西上，兵屯五丈原。

八百里秦川西部，有一片面积十二平方公里的高地平原，名叫五丈原。五丈原南挨秦岭，北临渭水，东、西皆有深沟，易守难攻。据说是因为该原高出平地五十丈，最初叫作"五十丈原"，后来讹传为"五丈原"。

司马懿额手称庆：幸亏诸葛亮没有东出武功，否则必有一场恶战，胜负难以预料。如今他西上五丈原，我军可以高枕无忧了。

实际上也做不到高枕无忧。部将郭淮提醒司马懿：五丈原的正对面有一片开阔的高地，即北原。若是诸葛亮发兵占据这里，蜀军就能南北夹击司马懿的大营。

司马懿立即命郭淮带兵占领北原。

郭淮领命而去，诸葛亮果然也第一时间把目光放在北原上面，派兵而来。

蜀军渡过渭水到达北原时，郭淮的营垒修了不到一半。两军乒铃哐啷打在一起，蜀军被击退，魏军一刻不敢休息，加紧构筑营垒。北原是魏军的了。

没过多久，魏军斥候探报，蜀军大规模向西。司马懿一惊。西围自然是有重兵把守，但是，恐怕也难敌诸葛亮的主力。一旦西围失守，北原、渭南就没有办法再对五丈原形成合围。冲动之下，司马懿下令大军驰援西围。

众将也纷纷请命。毕竟那里有第一要塞陈仓，易守难攻，诸葛亮怎么能打得下来？他硬上岂不是白白送死？自己立功的时机到了。

但是，郭淮有一个疑问：为什么蜀军不是奇袭，要这么明目张胆、浩浩荡荡地去打呢？西部防区兵力不多，奇袭应该最合适。除非他是声东击西，哄得我们主力部队调往西线，他好趁着东部空虚，去打阳遂。

司马懿又一惊，不再听别的将领请命带兵向西对抗诸葛亮的请求，立刻命令郭淮带人前往阳遂守备，只派小股部队敲锣打鼓地去增援西区。

果然，诸葛亮一支奇兵在夜色掩护下，杀向阳遂。

但是，迎接他们的是千军万马。

蜀汉败兵逃回五丈原。

诸葛亮一口鲜血吐出来。

小说中，借人物之口，指出一个残酷的事实：战时什么最耗心力？抉择。主帅可以不冲锋，可以不杀敌，甚至可以不出大帐，但不能不抉择。主帅的决策关系几万、十几万甚至几十万人性命，这份重任压在肩上，你会犹豫不决，会顾此失彼。两害相权取其轻，两利相权取其重，这个道理谁都懂，但是如何判断利害，如何取舍，这里面需要考虑的因素、变数太多太杂，稍有不慎就会失误。战争一旦打起来，士兵耗命，主帅耗心。

司马懿群策群力，许多个大脑一同运转，愚者千虑，必有一得，得来得去，屡占便宜；诸葛亮事无巨细，事必躬亲，智者千虑，必有一失，失来失去，心血快要耗干。

第二节　人心散了，队伍不好带了

一个人要被逼到什么程度，才会热血冲头，不管不顾？这个要看每个人的容忍度。有的人容忍度特别低，一踩就爆，这样的人通常命不会长；有的人容忍度特别高，特别能忍，踩十脚八脚都没关系，在这种情况下，谁做他的对手，谁的命就不会长。

阳遂之战后，双方僵持，开始打消耗战。

可是诸葛亮不愿意。再充足的粮草，也经不起天长日久的消耗。

可是司马懿愿意。不过虽然他愿意，他的部下们却不愿意——谁也不愿意天天被敌人指天指地指祖宗地骂，还是数万人的大合骂。

吃饱饭了要消食的时候骂；饿了要提精神的时候骂；值勤犯困的时候要为提神骂；早晨醒了要出操了，跑到人家的阵前骂……

骂得曹魏军队一佛出世，二佛升天，恨不得立时三刻拿刀点兵去干仗，拼一个你死我活也痛快，但是他们都被司马懿的军令摁住：不行，就是不行。

也未必只是因为骂阵。长久的对峙，将士思乡。

戍鼓断人行，边秋一雁声。

露从今夜白，月是故乡明。

有弟皆分散，无家问死生。

寄书常不达，况乃未休兵。

也有人立功心切，急着勒石记功。

总之，原因林林总总，汇成一个粗壮洪亮的声音，大家一致请战。八万人啊，偌大个军团。呼声如浪，震耳欲聋。

人心散了，队伍不好带了。

雨季来了。暴雨倾盆，渭河水位陡涨，蜀军一支部队被分隔在武功水东岸，孤立无援。

司马懿下令骑兵出击！

魏军如下山猛虎，嗷嗷叫着往上冲，到了跟前交上手，才发现这支孤军原来是蜀国的虎步军，王牌！

"虎步军"与"白耳军""无当飞军"号称蜀汉三大王牌。白耳军早在刘备时期就成立了，无当飞军和虎步军都成立于诸葛亮南征之后，其兵源来自当地民族青壮年。虎步军的统帅是南中当地民族豪帅孟琰。

精锐对精锐，战斗并不像魏军想象的那样，能够一击得手，鞭敲金镫响，齐唱凯歌还。诸葛亮一得到战报，立刻下令增援，逢山开路，遇水修桥，一边前进一边用冷兵器时代的狙击步枪——诸葛连弩箭射魏军。

司马懿无奈，下令撤退。

蜀军骂阵依旧……

不光骂，而且，他们开始种地了。

这是要扎根下来，打持久战耗死我们吗？这是要让我们这辈子都受窝囊气，回不了家的节奏吗？魏军一肚皮闷气，头顶闷雷滚滚。

其实屯田是假，造势是真——诸葛亮怎么可能跑敌方的战场上屯田。况且三面受敌，种田不易，种出来的粮食又不够这么多人吃。休养生息三年，屯集的粮草还是够支应的。他只不过是向魏军传递一个打持久战的信息，迫使魏军倒逼统帅，尽早决战。

对于将士们的请战呼声，司马懿置若罔闻。

然后，司马懿就收到一份重礼。

魏营守兵来报，说蜀营诸葛孔明有礼物一盒相送。魏营众将不敢直接

打发蜀营的使者滚蛋，引着他进中军大帐见司马懿。

司马懿看着那个大盒子，心里又好奇，又有一种不那么吉利的预感。这个盒子他不想拆开啊。

但是，手下众将目光炯炯，一个个好奇宝宝一样，他又不好意思不拆。

拆开一看，堆叠着一堆衣裳。抖开一瞧：襦衫、罗裙，头冠，很素净的白，看上去很干净、很漂亮——这是女人的衣裳。

盒子里还有一封信，信上的内容大家摆明了也很想听，于是司马懿大声念出来：

"仲达啊，你既然身为大将，统领中原众多精兵，却不想着披坚执锐，对战以决雌雄，而是甘心在你的土窟窿里窝着，好躲避刀箭锋芒，和女人有什么两样？所以我今天派人给你送来头冠素衣，你要是再不出战呵，那就穿上它们当女人算了。当然，如果你还有一点点羞耻心，还把自己当男人，那就趁早回复我的邀请，让我们走上战场，决一死战！"

司马懿脸上的胡须很重，须毛也很乱，任谁看都是男人气息扑面而来；如今，却被比自己还小两岁的、白面长身、玉树临风的诸葛亮叫成女人，他眼光从信上抬起来，像刀一样铺成扇面扫向帐下众将，眼睛一眯，呵呵一笑：

"孔明真把我看成一个女人了啊，哈哈。来人，把使者带下去，好生招待，我一会儿和他共进晚餐。"

第三节　战争与仇恨的悖论

二十年前，有一个古装电视剧，里面有一个男子以极轻蔑的口气对一个女子说："你算什么东西，三绺梳头，两截穿衣……"

三绺梳头、两截穿衣是女子的标配，说这话的男人，心里对女人是有多不屑。

古时候，历朝历代，战争都会让女人走开。数千年文明史，死在战场上的白骨累累，有几个是女子？最为著名的，也不过是一个花木兰，还是替父从军。

诸葛亮真损，猛戳司马懿的痛点，人家好歹也是堂堂魏国大统帅。

但是，他仍旧会假假地笑着，把衣服收起来，还礼待来使。

吃饭的时候，司马懿满面春风，和蔼可亲，一边给使者布菜，一边"漫不经心"地发问：

"孔明先生睡得怎样啊？吃得怎样啊？事情多不多？你们要让诸葛先生保重贵体啊。"

使者老老实实地回答：

"哎，别提了，我们丞相每天晚睡早起，吃的东西很少，事情却很多。凡是有处罚二十军杖以上的事，他都要亲自过问。"

司马懿暗爽：孔明吃那么点东西，管那么多事，命长不了了。

诸葛亮也没想到司马懿会套使者的话，使者也没想到这是司马懿在套话，否则他满可以说：我们丞相饭斗米，肉十斤，这样就把司马懿吓惨了。

两军相斗，统帅好比异地恋的男女，相隔二十万大军，你想着我，我想着你。唯一一点区别只不过是互相盼着对方早死。

话说回来，诸葛亮确确实实是过劳死。罚二十杖以上的刑罚他都要亲自过目，一个人能有多大精力，又要搞兵器发明和革新，又要谋划军国大计，又要管理兵卒的赏罚措施……如果他能够像司马懿那样只抓大方向，小事情放手给下属处理，就好了。

所以，使者辞去，回到五丈原，见了孔明，具说前情："司马懿受了巾帼女衣，看了书札，并不嗔怒，只问丞相寝食及事之繁简，绝不提起军旅之事。某如此应对，彼言，食少事烦，岂能长久？"孔明叹曰："彼深知我也！"

想不到的是，仇敌竟是知心人。

没办法，仇敌是互相之间最惦记、分析最深刻的人。理解你，所以同情你；了解你，所以才能让你更早更快地死。

这是战争与仇恨和知己关系的悖论。

于是，司马懿下令：死都不许出战！

三军愤怒。

不是蜀军，是魏军。统帅受辱，居然仍旧龟缩不出，他是女人，我们可不是女人。

司马懿有点压不住阵脚了。

所以，司马懿这个心眼多的，就唱了一出双簧戏。

双簧的搭档是皇上。

戏要唱成，既需要司马懿是个聪明人，也需要皇上是个聪明人。

幸运的是，这两个人都够聪明。

司马懿说："这样吧，我不是不敢出战，甘心受辱。但是皇上不许我出战，如果我出战，就是抗旨不遵。你们既然要战，那就等我奏准天子，同力赴敌，你们看怎么样？"

众将也无话可说。

于是，他花很长时间、很大精力写好奏表——给皇上看的，一定要改了又改，一个字都不能错，一句话都不能写得不好。

然后，他派使者奔赴合肥，因为曹叡正在合肥督战。把奏表给皇上送去，就算快马加鞭，又不是通衢大道，使者也要花很长时间。

奏表送到曹叡面前，曹叡展卷阅之，司马懿好一番慷慨激昂：

"臣能力微薄，责任重大，承蒙圣上明旨，下令让臣坚守，不和蜀军正面对战，等着蜀军自己泄气；可是如今诸葛亮竟然送我女人衣裳，把我当女人看待，这太羞辱人了！所以，臣要向皇上请示：在短时间内，我要和蜀军决一死战，以报朝廷之恩，以雪三军之耻。请圣上答应，臣不胜感激！"

曹叡想：我什么时候不让你和蜀军正面打仗了？

如果心眼少的，就一同慷慨激昂，同意一战了，结果辛毗跟曹叡咬了几句耳朵，曹叡眼珠子转了转。

于是，司马懿的渭北大营迎来了皇帝特使辛毗，手持旌节，以示如同圣驾亲临。

司马懿心头敲着小鼓，庄严郑重地迎接使者入帐，摆案焚香，叩头礼拜，恭听诏书：

"有再敢说要出战的，就是违抗圣旨。"

众将都不敢再说话了。

司马懿心头暗爽。原来当初辛毗跟曹叡说的悄悄话是："司马懿本无战心，必因诸葛亮羞辱，众将愤怒之故，特上此表，欲更乞明旨，以遏诸将之心耳。"

司马懿悄悄跟辛毗说："公真知我心也！"

第四节　死生有命

世上事，最可喜的就是梅枝开、喜鹊来，花鸟可人心思。司马懿得了曹叡的明令，也如梅枝开处，喜鹊来临。

魏营里当当地响着锣，大嗓门的士兵转着圈儿大喊大叫：

"圣上有令，不许出战！"

"圣上有令，不许出战！"

还有几个专门跑到魏营外围，蜀军的正对面，冲着蜀军喊：

"圣上有令，不许出战！"

"圣上有令，不许出战！"

声音穿过魏军营地，直传到蜀军阵营里面。

孔明也是聪明人，皱眉苦笑："这是司马懿安三军将士之心的法子。他本来就没有出战的打算，之所以向他家皇帝请战，不过是向大众声明他不是软蛋。难道你们都没听说过'将在外，君命有所不受'的法则？哪里有派使者千里请战的道理。他不过是借曹叡的旨意制约众将。如今他又借曹叡的旨意懈怠我军的军心。"

确实，这一招一石二鸟，既安了魏营之心，又懈了蜀营军心。

司马懿的弟弟司马孚写信问战况如何，司马懿回信："诸葛亮志大而不见机，多谋而少决，好兵而无权，虽提卒十万，已堕吾画中，破之必矣！"

确实。他、曹叡、诸葛亮，三个聪明人，两个都在魏军阵营。

诸葛亮这仗，打得好憋气，好想吐血。

话说回来，为什么魏军阵营的将领能够对统帅鼓噪不休？到底还是因为司马懿不能服众。他督战雍凉，数场败绩，名将张郃的命也是他断送的。

蜀军阵营令行禁止，没人敢炸刺儿，是因为蜀军统帅是战无不胜、算无遗策、气死周瑜的诸葛亮。

在心理承受能力方面，司马懿是百忍成王。他的忍是为了狠。

诸葛亮老了，五十四岁了。事实上，他比司马懿还年轻两岁，但是，他独力支撑起蜀汉江山，正如司马懿所说，事重身烦。再强健的身体、再强韧的心力也禁不起这样消耗。

诸葛亮不像司马懿，司马懿在曹操时代基本算是赋闲，在曹丕时代也没有独力扛大山，没有表现得很能干，在曹叡时代，他也是近来才当的统帅。而且，他还很能分拆任务，不会大事小事一手抓，所以，比起诸葛亮，他的"青春"正盛。

诸葛亮刚出山，那是何等的神采飞扬，奇计百出，兼有刘备宽厚而有雄才大略，关、张、赵、马、黄驰骋沙场，手下有人可用，好比富豪坐拥金山；如今，他的心力衰减，后主庸懦，手中无人可用，打仗求稳，处处受制。英雄末路是悲凉，智者末路是悲惨。

更悲惨的是，吴、蜀两路大军气势汹汹，不灭曹魏誓不还，却传来战报：

"魏主曹叡听说东吴大军三路进兵，就自己率领大军到达合肥，派遣满宠、田豫、刘劭分兵三路迎敌。满宠设计，把东吴粮草战具一把火烧光。吴兵多病。陆逊上表孙权，约定好了要对魏军前后夹攻，没想到使者中途被魏兵截获，机关泄露，吴兵无功而退。"

本来想着二打一，结果二去其一。如今诸葛亮真的是独木难支。

《三国演义》里，把孔明的智者末路描写得格外凄惨。孔明听了此信，长叹一声，不觉昏倒于地；众将急救，半晌方苏。孔明叹曰："吾心昏乱，旧病复发，恐不能生矣！"

但是，他仍旧心有余愿未了，企图步罡踏斗，求上天延寿。

时值八月中秋，是夜银河耿耿，玉露零零，旌旗不动，刁斗无声。姜维在帐外引四十九人守护。孔明自于帐中设香花祭物，地上分布七盏大灯，外布四十九盏小灯，内安本命灯一盏。孔明拜祝曰："亮生于乱世，甘老林泉；承昭烈皇帝三顾之恩，托孤之重，不敢不竭犬马之劳，誓讨国贼。不意将星欲坠，阳寿将终。谨书尺素，上告穹苍：伏望天慈，俯垂鉴听，曲延臣算，使得上报君恩，下救民命，克复旧物，永延汉祀。非敢妄祈，实由情切。"

拜祝毕，就帐中俯伏待旦。次日，扶病理事，吐血不止。日则计议军机，夜则步罡踏斗。

他不是贪生，活在人世间，除了躬耕陇亩的时候自由自在，他就没有享受过一天安生日子。天天都在筹谋、算计、安排、布局、舌战、指挥、上阵、逃离。在三个国家犹如三座冰山的激烈对撞中艰难地为蜀国大业谋生存、耗心力。

他是怕死，怕他死了，蜀汉大业难成。

然后，人命拗不过天命。祈禳六夜，主灯明亮，再有一夜即成，又可延寿一纪（十二年），结果寨外呐喊，魏延匆匆跑进来："魏兵来了！"脚步带风，主灯的焰头摇晃了数下，竟然灭了。

孔明心灰意冷，弃剑叹息："死生有命啊。"

第五节　秋风吹面彻骨寒

魏延吓坏了，伏地请罪。孔明的好学生姜维愤怒，拔剑就要杀了他，被孔明拦住："是我自己命该绝，不关文长的事。"

这样暗黑激烈的时代，诸葛亮手上染的鲜血，真算是极少的了。

他加紧布置安排身后事，把他著就的二十四篇文章，共计十万四千一百一十二字，内有八务、七戒、六恐、五惧之法，都传授给姜维。

又把连弩的制法画成图本，也传给姜维。

又嘱咐姜维："蜀中诸道，皆不必多忧；唯阴平之地，切须仔细。此地虽险峻，久必有失。"

又连夜给后主刘禅上表。刘禅闻奏大惊，急命尚书李福，星夜至军中问安，兼询后事。李福领命，趱程前往五丈原，入见孔明，孔明说："我死后，公等宜竭忠辅主。国家旧制，不可改易；吾所用之人，亦不可轻废。吾兵法皆授予姜维，他自能继吾之志，为国家出力。"

孔明的命，到了尽头。

> 孔明强支病体，令左右扶上小车，出寨遍观各营；自觉秋风吹面，彻骨生寒，乃长叹曰："再不能临阵讨贼矣！悠悠苍天，曷此其极！"

当初刘备渴求贤才，水镜先生向他推荐一人，说此人可比兴周八百年之姜子牙、旺汉四百年之张子房。众皆愕然。然后，水镜出门，仰天大笑："卧龙虽得其主，不得其时，惜哉！"

如今，此话应验。时不与之，时也，命也，运也。

回到营帐，他给刘禅上了一道遗表：

> 伏闻生死有常，难逃定数；死之将至，愿尽愚忠。臣亮赋性愚拙，遭时艰难，分符拥节，专掌钧衡，兴师北伐，未获成功；何期病入膏肓，命垂旦夕，不及终事陛下，饮恨无穷！伏愿陛下：清心寡欲，约己爱民；达孝道于先皇，布仁恩于宇下；提拔幽隐，以进贤良；屏斥奸邪，以厚风俗。臣家成都有桑八百株，薄田十五顷，子弟衣食，自有余饶。至于臣在外任，别无调度，随身衣食，悉仰于官，不别治生，以长尺寸。臣死之日，不使内有余帛，外有赢财，以负陛下也。

诸葛亮死了。刘禅好像又死了一回父亲。

他遗言将自己葬在定军山。偌大个神人，多智近妖，却不讲风水，不虑后世，自己的墓穴仅能容纳棺材，一无陪葬。

才华横溢的一生，算无遗策的一生，殚精竭虑的一生，得其主不得其时的一生，一边戎马倥偬，一边搞发明创造的一生。"亮性长于巧思，损益连弩，木牛流马，皆出其意；推演兵法，作八阵图，咸得其要云。"

这说的是那年刘备为给关羽和张飞报仇，提兵攻打东吴，被东吴后起之秀陆逊火烧八百里连营，逃回白帝城。诸葛亮远在成都，刘备走投无路。一日陆逊正率军围攻，八阵图里一片喊打喊杀的声音。他提兵迎战，结果却是乱石一片。待回去再打，背后又响起杀声。这样来回往返，人困马乏，士卒战心离散。一个附近的老人告诉他说这是当年诸葛亮特意摆下的阵法，专门用来对付犯境吴兵。陆逊气怒，带人进阵，刚进去还艳阳高照，一进阵就漆黑一片，想出又出不来，在里面转圈圈。好容易见前面一点灯光，一个人影，随他导引，才能出阵。原来这个人是诸葛亮的老丈人黄承彦。

杜甫有诗《八阵图》：

> 功盖三分国，名成八阵图。
> 江流石不转，遗恨失吞吴。

他还发明馒头。说的是当年七擒孟获，班师过泸水，要拿人头祭祀。诸葛亮就用面粉和面裹以肉做成人头状顶替人头用以祭祀。"馒头"原来是指顶替用来祭祀的俘虏的头，所以称为"蛮头"，后来就成了现在沿用的馒头。那时候的馒头应该是我们现在吃的包子。

还有孔明灯。现在每当过年节，孩子们就会放飞孔明灯，还有恋人们也会放飞孔明灯，一点灯光飘飘忽忽飞到天上，带着美好的祈愿。这是当年诸葛亮被司马懿围困，特地做来求救的。

他还会书法，篆书、八分、草书。宋徽宗宣和内府的《宣和书谱》记载：诸葛亮"善画，亦喜作草字，虽不以书称，世得其遗迹，必珍玩之"。

还会画画。东晋常璩《华阳国志》记载：

> 南中，其俗征巫鬼，好诅盟，投石结草，官常以诅盟要之。诸葛

亮乃为夷作图谱，先画天地日月君长城府，次画神龙，龙生夷及牛马驼羊。后画部主吏，乘马幡盖，巡行安恤。又画夷牵牛负酒赍金宝诣之之象，以赐夷，夷甚重之。

他还工音律。《中兴书目》记载：

　　《琴经》一卷，诸葛亮撰述制琴之始及七弦之音，十三徽取象之意。

神人啊神人。

第六节　唯一能克制司马懿的对手走了

在后世里，人们给诸葛亮下定义，为什么不说他是发明家、音乐家、琴师、书法家、作家？皆因他的大才盖住了小能，大德盖住了大才。

所以他的传说最多，名声最盛。历来人们重的还是德行。

　　夫君子之行，静以修身，俭以养德。非淡泊无以明志，非宁静无以致远。夫学须静也，才须学也。非学无以广才，非志无以成学。淫慢则不能励精，险躁则不能治性。年与时驰，意与日去，遂成枯落，多不接世，悲守穷庐，将复何及！

除了《出师表》，传诵千年、上口成诵的，还有这篇短短的《诫子书》。他四十六岁方得子诸葛瞻，儿子才长到八岁，他却要撒手归天。这封短短的家书，寄托着一个父亲的殷殷厚望。

他用他一生的行状，为儿子立下了榜样。他要儿子静以修身，就没有浮躁之气；他要儿子俭以养德，就没有奢侈之举、悖德之行。他要儿子淡泊宁静，因他自己就淡泊宁静。他要儿子爱学习，立大志，后世的人都跟随他的教德，学以广才，志以成学。他给儿子，也给后世人，树立了一个模板。

一首歌终将唱完，只余袅袅余音，让后世人抓住一个音韵的尾巴津津乐道，口口传诵。这样的人，世人跟不上他的脚步，所以他必定活得孤独。所以易中天才会如此评他："曹操是一个可爱的奸雄，诸葛亮则是一个备受推崇，其实却不被真正理解的孤独的人。"

一个孤独的神人。

对于司马懿来说，诸葛亮之死是彻头彻尾的喜事。这个家伙，才干不见得有多么光耀千古，情怀也未见有令世人仰望思慕之处，但是，时也厚待，命也厚待，运也厚待。如今，他的劲敌、死对头诸葛亮病死五丈原，成全了他的黄金时代。

蜀军拔营，司马懿敏锐地感觉到异常：诸葛亮死了？

诸葛亮死了！

全军追击！

但是，兴高采烈的魏军却一脚踏进蜀军的陷阱。迎头和他们干上的，竟然是蜀军的主力。蜀汉大军瞬间变为攻击阵形，显然是早就张好罗网，魏军却真的一头撞进来。

糟了，中计了。司马懿下令急撤，懊悔不迭。

魏国的军队都领教过诸葛亮的厉害，诸葛亮打的伏击，没有一次不成功，没有一次不得手，所以一见中计，魏国军队能退多快退多快。

蜀军没有追击，缓缓而退。直到进入斜谷，方才全军挂白，霎时哭声震天。

原来，诸葛亮真的死了。司马懿听着几天后的报告，眉头耸动。他不后悔退兵：万一诸葛亮诈死呢？

诸葛亮在自己身死之后，还布下一个两难之局，护着蜀国军队安全返回。

这一段情节在《三国演义》里演绎得格外生动。

司马懿派他的两个儿子司马师和司马昭在后催军，司马懿自引军当先，奋力追赶。忽然山后一声炮响，喊声大震，只见蜀兵俱回旗返鼓，树影中飘出中军大旗，上书一行大字曰："汉丞相武乡侯诸葛亮。"

司马懿大惊失色。定睛看时，只见中军数十员上将，拥出一辆四轮车来，车上端坐孔明：纶巾羽扇，鹤氅皂绦。懿大惊曰："孔明尚在！吾轻入重地，堕其计矣！"急勒回马便走。背后姜维大叫："贼将休走！你中了我丞相之计也！"

魏兵魂飞魄散，丢盔弃甲，抛戈撇戟，各逃性命，自相践踏，死者无数。司马懿奔走了五十余里，背后两员魏将赶上，扯住马嚼环叫曰："都督勿惊。"懿用手摸头曰："我有头否？"二将曰："都督休怕，蜀兵去远了。"

过了两日，乡民奔告曰："蜀兵退入谷中之时，哀声震地，军中扬起白旗，孔明果然死了，只留姜维引一千兵断后。前日车上之孔明，乃木人也。"懿叹曰："吾能料其生，不能料其死也！"因此蜀中人谚曰："死诸葛吓走生仲达。"

后人有诗叹曰：

长星半夜落天枢，奔走还疑亮未殂。
关外至今人冷笑，头颅犹问有和无！

唯一在计谋上能克制司马懿的人没有了。司马懿的小心谨慎不输诸葛亮，他的心大却胜诸葛亮。诸葛亮是一个心重的人，凡事事必躬亲，司马懿却抓大放小，所以他的心不累；而且诸葛亮是一片忠心昭日月，一片丹心对朋友，司马懿没有这份高风亮节，他是一个极为谨慎、小心、精致的利己主义者。

诸葛亮是努力想要提挈天地，逆转阴阳，所以他活得很累，死时年仅五十四岁；司马懿则是很奸地顺应时势，顺从阴阳，就像趴伏在透明气流上的大蝴蝶，随风摆荡，所以他活得轻省。

诸葛亮一天当一年过，所以他耗不起；司马懿一年能当一日过，所以他能忍得住。

单就这一点，司马懿就能长寿。

第九章

一波方平一波起

第一节　人心好比风中旗

世界上演着一场场风风火火的连台好戏，不会因为一个人的谢幕，就把整个世界的风流全风吹雨打了去。

诸葛亮的死，给还活着的人腾出表现的大舞台。

《三国演义》里，诸葛亮临死，安排大将计诛魏延，因为他料定魏延脑后有反骨，在他死后必反。

事实上，诸葛亮死后，魏延确实被杀，而且夷灭三族。这件事情在客观上帮了魏国的大忙。这是一员猛将，带的兵凌厉无匹。诸葛亮虽死，有魏延坐镇汉中，曹魏的军队也不敢轻举妄动。

他的死却不是什么脑后有反骨的原因。魏延死于蜀军阵营的内讧。

据《三国志·费祎传》载，魏延和杨仪两人不能见面，碰头必吵，死不对眼。一文一武，好似前世冤怨。论耍嘴皮子，魏延不行；论动武，杨仪不行。吵不过杨仪，魏延就想动刀，结果杨仪就哭，"延或举刀拟仪，仪涕泣横集"。

这两个人是诸葛亮的左右手，搞得诸葛亮还得在他们两人中间找平衡，也很心累。

诸葛亮死后，"令延摄行己事"。蜀汉的北伐大军退兵入斜谷道口，魏军此时已经退却，魏延于是就地发丧。杨仪和王平、马岱经过密商，趁魏延不备，突袭魏延本部军马，要诛杀魏延，用的理由居然是："魏延叛国，奉丞相遗命诛之！"

魏延一边抵挡，一边派人火速上奏后主；与此同时，杨仪的奏折也已经上路。两个人利用奏折跑到后主面前继续互掐。

这边魏延且战且退，逃往汉中，被马岱一箭射死。头颅送到杨仪面前，杨仪居然还对着头颅又踢又骂："庸奴，看你还敢不敢跟我过不去！"

然后又派人到汉中，夷灭了魏延三族。

蜀汉权斗从来不杀戮，这个一直被诸葛亮身体力行的规则就这样被打破，自家人血流成河。

数日后，两个人的奏折同时到达成都，后主刘禅立派蒋琬去前线调查调停，结果人还没到，前线已经有消息传来：魏延死，杨仪带兵回撤汉中。

罢了。

就这样吧。总不能死了一个，再死一个。

魏延就这么白白地死了。

饶是如此，杨仪还是愤愤不平。因为尚书李福在诸葛亮死前奉后主之命探望，也是想问他身后事，他说："吾死之后，可任大事者：蒋公琰其宜也。"蒋公琰就是蒋琬。蒋琬之后，诸葛亮又指定了费祎费文伟。后面就不再说话了。

显然无论怎样，杨仪都不在诸葛亮安排的接班人里面。

于是，杨仪口出怨言。费祎把杨仪的怨言上报朝廷，刘禅下旨把杨仪革职，贬为庶民。

杨仪死性不改，继续上书攻击大臣，朝廷派人缉拿，杨仪自杀。

但是，即使杨仪死了，魏延也未能平反，毕竟牵涉面太广，总不能对蜀国举足轻重的大臣们来个大清洗。内忧外患的蜀国禁不起这样的动荡。

所以，魏延就基本上被钉在了历史的耻辱柱上，《三国演义》奉蜀汉为正统，所以站在蜀国的立场，为了文饰此次荒唐的冤案，干脆把诸葛亮写成未卜先知，未死之时就料定魏延必反，而他一死，魏延果然造反。

> 姜维令人请杨仪商议曰："魏延勇猛，更兼马岱相助，虽然军少，何计退之？"仪曰："丞相临终，遗一锦囊，嘱曰，若魏延造反，临阵对敌之时，方可拆开，便有斩魏延之计。今当取出一看。"遂出锦囊拆封看时，题曰："待与魏延对敌，马上方许拆开。"维大喜曰："既丞相有戒约，长史可收执。吾先引兵出城，列为阵势，公可便来。"姜维披挂上马，绰枪在手，引三千军，开了城门，一齐冲出，鼓声大震，排

成阵势。维挺枪立马于门旗之下，高声大骂曰："反贼魏延！丞相不曾亏你，今日如何背反？"延横刀勒马而言曰："伯约，不干你事。只教杨仪来！"仪在门旗影里，拆开锦囊视之，如此如此。仪大喜，轻骑而出，立马阵前，手指魏延而笑曰："丞相在日，知汝久后必反，教我提备，今果应其言。汝敢在马上连叫三声谁敢杀我，便是真大丈夫，吾就献汉中城池与汝。"延大笑曰："杨仪匹夫听着！若孔明在日，吾尚惧他三分；他今已亡，天下谁敢敌我？休道连叫三声，便叫三万声，亦有何难！"遂提刀按辔，于马上大叫曰："谁敢杀我？"一声未毕，脑后一人厉声而应曰："吾敢杀汝！"手起刀落，斩魏延于马下。众皆骇然。斩魏延者，乃马岱也。原来孔明临终之时，授马岱以密计，只待魏延喊叫时，便出其不意斩之；当日，杨仪读罢锦囊计策，已知伏下马岱在彼，故依计而行，果然杀了魏延。后人有诗曰："诸葛先机识魏延，已知日后反西川。锦囊遗计人难料，却见成功在马前。"

武则天给自己立无字碑，就是不信任人的嘴和笔。一张嘴两片皮，千秋功过，任人评说，太被动了。

第二节　他当上了太尉

诸葛亮死后的一次人事地震，就此平息。蒋琬接替诸葛亮后，主张休养生息，不再张罗北伐。事实上，就是认定了一个事实：从此不再想着版图扩张，只愿偏安一隅。

蜀汉气运似乎也跟着诸葛亮一步步走向坟墓。

司马懿的重量级的对手有二，一是曹操，一是孔明。

在曹操面前，他能装；在孔明对面，他能忍。所以他和这二人的斗争绝对说不上精彩，也无甚波折。但是，毋庸讳言，不管黑猫白猫，活到最后的，才是胜利的猫。

如今，他胜利了。

至此，劲敌尽去，司马懿西线无敌。他成了魏国的大英雄，威望日炽，嫡系部队日益壮大。

他时刻绷着备战备荒的弦，开垦土地，兴修水利，军粮充足，还能够拨出来五百万斛粮食支援关东饥民。

青龙三年（235 年），蜀将马岱出兵北伐。司马懿下令牛金率骑兵迎战。马岱大军一触即溃，被斩杀千人。

奇怪得很，蜀军还是那个蜀军，但是，好像没有了灵魂。

同年，武都氐王苻双、阴平氐王强端率领部属六千余人投降司马懿——背靠大树好乘凉啊，非等着人家大军来攻伐吗？

更令人惊奇的是，司马懿居然猎到一头白鹿。

天降祥瑞。

司马懿献白鹿给明帝，明帝援引古事，说当年周公辅佐成王，送成王一只白雉。如今你送我一只白鹿，天意让你当我的周公旦啊。

周公，姬姓，名旦，是周文王姬昌第四子，周武王姬发的弟弟，曾两次辅佐周武王东伐纣王，并建立礼乐制度。因其采邑在周，爵为上公，故称周公。《尚书·大传》概括他："一年救乱，二年克殷，三年践奄，四年建侯卫，五年营成周，六年制礼乐，七年致政成王。"

当年，曹丕把他比作汉丞相萧何，如今，明帝把他比作周公，规格更高了。至此，他有足够的资格"顾盼自雄"了。数十年低调碌碌，如今沧海横流，世人方识英雄本色。

司马懿荣升太尉，这是曹魏最高军衔。

历来功高震主者都没好下场。当年韩信帮刘邦打下江山，却被刘邦诛杀三族。名将白起战无不胜，却被秦昭王赐死。岳飞真是被秦桧所害，皇帝真的只是受蒙蔽吗？热播的电视剧《甄嬛传》里的年羹尧，屡立战功，最终也被雍正所杀。

也有功高而善终的，比如唐代名将郭子仪。因为功高，他受封汾阳王。郭子仪的王府从来都是大门洞开，贩夫走卒进进出出，根本没有门禁。他自己也给夫人和女儿端洗脸水，拿手巾。

郭子仪说："我家吃公家草料的马有五百匹，我家吃官粮的奴仆有一千多人，如果我筑高墙、端架子，如果有人和郭家有仇，嫉妒郭家，郭氏一族很可能招来灭族之祸。现在府门大开，任人进出，朝廷耳目也可随意侦查，我郭家无私无弊，即使有人想诬陷我，也找不到借口。"

郭子仪晚年，王侯将相拜访，他的姬妾从来不用回避。唐德宗的宠臣卢杞前来拜访，郭子仪却赶紧让众姬妾退下，自己正襟危坐，接待这位长得特丑的大臣。他不让姬妾在场，就是因为这家伙长得太丑，内心自卑而险恶，特记小仇。如果姬妾见他而发笑，他怀恨在心，将来报仇，郭家就要大祸临头。事实证明，郭子仪的小心是对的，后来卢杞当上宰相，"小忤己，不致死地不止"。

司马懿是先人，自然不知道郭子仪的举止做派，但是，行事谨慎小心却是一样的。所以司马懿虽立大功、得大名、坐大位，却绝不骄奢，兢兢业业工作，谨慎小心当差。

司马懿的六个弟弟也在魏国居官，三弟司马孚做了尚书令。司马懿的两个儿子司马师、司马昭也很优秀，与何晏、夏侯玄等人来往密切。孙子司马炎出生，年近六十的司马懿老怀大慰，含饴弄孙，觉得人生已经很圆满了。

第三节　不是什么好人坏

世事如棋局，又如布上丝。离近了只看得清一丝一线，离远了能看得出这儿绣的是一朵花儿，那儿绣的是一只鸟儿。

曹魏边境平稳，魏明帝曹叡心也放松了不少。

但是，宫院里并不平静，郭女王暴毙了。

郭女王自从被曹丕纳为侧室，备受宠爱；且有谋略，常献计曹丕，与曹植夺嫡。曹丕立为世子，有她的筹谋之功。

因为宠爱她，曹操当政时，她的弟弟任曲周县吏，侵吞官府布匹，按法应行死刑，曹丕屡次给主管官吏写信求情。

曹丕继位后，封郭氏为夫人。同年，曹丕登基，始置贵嫔一位，晋封郭氏，位居六宫之首。

曹丕赏赐授拜曹氏九族，郭贵嫔的亲属同九族一同被封赏。郭贵嫔的外甥孟康擢升为散骑侍郎。

后来，曹丕想要立郭贵嫔为后，官员上疏，强烈反对，援引前朝例证，说明妾不能成为妻子，否则必致朝纲大乱，但是曹丕不听，终立郭氏为后。

郭女王受宠也是有原因的，她自己做得也好。她告诫娘家人："各位亲戚遇婚嫁事情，都应该与乡里门户相对者联姻，不要借权势凌逼他人，强与他方人家通婚。"也不许她的外甥娶小妾，并且特意为此下敕："如今战乱，妇女不多，应尽可能地将她们配给前方将士为妻。有权势的人家不能聘娶为妾。各位亲戚在这件事上都应谨慎，不要自取其咎，遭受刑罚。"而且还常常告诫娘家亲戚："汉朝皇后的家族，很少能有保全的，都因为骄横奢侈，一定要谨慎！"

一次，曹丕出征，郭皇后留在谯县行宫。从兄郭表想堵水捉鱼，被她制止："这河水是通着运送军粮的河道的，你筑坝截水又需木材，自己的奴客不在眼前，只好私自挪用公家的竹木来筑水坝。如今你这位奉车都尉所缺少的东西，难道仅仅是鱼么？"

郭女王对继子曹叡也十分尽心，疼爱有加。曹丕死，曹叡立，尊她为皇太后，居住永安宫，以宫名为尊号。曹叡对她也很好，太和四年（230年），明帝曹叡诏封郭女王从兄郭表为安阳亭侯，不久晋爵为乡侯，食邑五百户，升迁为中垒将军。封其子郭详为骑都尉。同年，追谥太后父亲郭永为安阳乡敬侯，母亲董氏为都乡君。升迁郭表为昭德将军，加金章紫绶，赐位特进，郭表次子郭训为骑都尉。后来太后的姐姐去世，明帝想予以厚葬，为她修建祠堂祭祀，被郭太后制止。

照理说，这对"母子"相处得很融洽。曹叡不是昏的，郭太后也不是昏的。但是，曹叡当初一即位，就追谥亲生母亲甄宓为"文昭皇后"，后来又将甄姬改葬朝阳陵，而不与父亲曹丕合葬，这就释放出一个信号：他对于生母之死，绝对不是风过水无痕。

那么，曹丕死后，郭女王的低调、谦和，未必没有自保的意思。但是这样没用，母亲之死，是曹叡心中永远的痛，他不可能不想，也不可能不问。不知道是哪一次，郭女王被问急了，说："先帝自己要杀甄姬，为什么来责问我？况且你身为人子，难道要追仇死父，为前母枉杀后母？"

此后，郭女王搬离洛阳，定居许昌。

青龙三年（235年），郭女王暴毙。据说，郭女王死后殡殓，也披发覆面口塞糠。

好像一个轮回。

若按照电视剧的剧情演绎，郭女王和司马懿的夫人张春华算是表姐妹，不妨推想一下，以司马懿的脾气性情，知道郭女王死因不明，且死后尸身受虐，他会怎么反应？

我觉得真实的司马懿不会有什么反应。这个人虽然年轻时主张不但要活一个生死，还要活一个对错，但是如今老了，五十多岁了，朝堂风云经历得太多，能明哲保身的时候，为什么要往前冲呢？

他倚老卖老地质问小皇帝吗？还是仗着自己立了大功向小皇帝发发飙？都不会。如果他这样做了，可以肯定，他就不是司马懿了。这家伙是个百忍之王，绝不是什么热血忠义的好人坯。

第四节　依然靠"忍"字功保身

司马懿是有"鹰视狼顾"之相的，这个负面评价从曹操时代开始，一直跟了他一辈子。

当年司马懿在曹操手下，他防着曹操加害，曹操也防着他加害，君臣之间，根本放不开手脚。曹操还留下话给曹丕，让他小心，说司马懿其人必"预汝家事"。

曹家的事，在曹魏而言，就是"天下"的事。预汝天下，这麻烦就大了。

所幸司马懿够谨慎，够低调，否则十个头也不够曹家人砍的。

但他始终是外姓，所以立下大功之后，官升太尉，但同时，也丢掉了大将军这个官位，增了尊荣，少了实权。

就算司马懿知道是怎么回事，他还是叩头、谢恩，敬谨当差。

一次，司马懿进京述职，路遇高阳乡侯常林，此人和司马家是老乡，与父亲司马防平辈论交，官位比司马懿低，但是司马懿仍旧恭敬行礼，让路常林，使之先行。

这个举动让人想起一个与之截然相反的举动，说的是《儒林外史》里的一个小说人物。这个人物叫唐二棒椎，此人一日有一事拿不准，请教一个叫虞华轩的人，说自己中了举，他一个嫡亲的侄子，也和自己同榜高中，如今回来祭祖，拜自己的时候，投了一个"门年愚侄"的帖子，唐二棒椎如今回拜他，不知道是不是应该投一个"门年愚叔"的帖子。

虞华轩愕然，不知道是说的"鬼话"，还是"梦话"。唐二棒椎变了脸，说："你又不曾中过，这些官场上来往的仪制，你未必知道。我舍侄他在京里不知见过多少大老，他这帖子的样式必有个来历，难道是混写的？"

一会儿，余大先生来，唐二棒椎又拿来问，余大先生气得满脸紫涨，颈子里的筋都耿出来，说道："这话是哪个说的？请问人生世上，是祖、父要紧，是科名要紧？"虞华轩道："自然是祖、父要紧了，这也何消说得。"余大先生道："既知是祖、父要紧，如何才中了个举人，便丢了天属之亲，叔侄们认起同年同门来？这样得罪名教的话，我一世也不愿听！二哥，你这位令侄，还亏他中个举，竟是一字不通的人。若是我的侄儿，我先拿他在祠堂里祖宗神位前打几十板子才好！"

甫一中举，就忘了来历，这样的事其实举不胜举。从这个角度说，司马懿做得真是敞亮。当然，谁知道他是真心，还是做戏？有人念叨常林，不该受太尉这样的礼，常林却说："他自己想分长幼，做楷模，与我何干？他向我行礼又不是我给他定的规矩，何必去阻止？"

此事传开，曹叡也差不多算放下心来，觉得自己看清楚了司马懿不是功高震主的人，人家立奇功、居要职，不也没有尾巴撅得老高嘛。忠臣啊这是。

但是，位高人同忌，当年曹植就曾经给侄子曹叡上《陈审举表》，讲异姓大臣有利的时候居高，危险的时候逃散，只有皇族子弟才能够有福同享，有祸同当。如今却皇族疏远，异姓亲近。

这话摆明了说的就是司马懿。

青龙四年（236年），光禄勋高堂隆病重，口述奏书，大致内容是：本朝初，上苍曾发出警告，宫里燕子巢穴中有一双怪鸟全身艳红，这是帝国最大的奇闻趣事，应该严防猛鹰飞扬的官僚，以免祸起萧墙。

这是什么话？暗指的又是谁？

为此，他建议让诸王在封地内建立军队，像棋子一样在全国分布，拱卫皇室。

这又是什么意思？

不都是明明白白，矛头直指异姓之中，屡立奇功、官位最高的司马懿！

死前手没力气，不能书写，口述都要述出一个奏书来，奏书里都不忘拈弓搭箭射司马懿的膝盖。这并非有什么深仇大恨，而是真的意识到，如今曹魏天下的安危，其实全系于司马懿一念。

当年的三大辅命大臣，曹真、陈群已死，司马懿成了唯一。手握重权，声誉日隆，一呼万应。他一念正，曹魏无忧；他一念邪，曹魏危矣。

曹叡心上重重地扎了刺。

如今的曹叡也有走偏的架势。刚即位时被譬喻为秦皇汉武，如今他的英才大略好似已经使尽，整天热衷于修宫殿，"帝乃躬自掘土以率之"。热火朝天挖土玩，哪是天子干的事。

司马懿不能不进谏。一方面请曹叡顾及身份，不要主行臣责，督率宫殿建设是臣子的事；一方面百姓人力、物力艰难，内有劳役，外有军役，过分靡费，非仁君之道也。

曹叡被人打断兴头，不可能高兴。

他看待司马懿的态度里，疑忌之心不可能不流露一丝半点。所幸司马懿始终理智清醒，不嚣张跋扈，否则，恐怕早就两虎相争，血染朝堂。

第五节　烽烟又起

长久的平安对于一个国家来说其实不是太好的事，人天性是好斗的，你不让他和外敌斗，他会在内部创造出敌人来搞内斗。

司马懿和魏明帝曹叡之间微妙的平衡如果没有外力介入，迟早有一天会被他们自己打破，然后是新一轮血腥的冲突和纷争。

所幸烽烟又起。

辽东太守公孙渊闹独立。

公孙渊迥非常人。

辽东公孙一族是名门大族。公孙渊的爷爷公孙度出身小吏，官至冀州刺史，后因事免官。董卓当政时，他被董卓手下的徐荣举荐为辽东太守。辽东郡里的豪族们好比一条条的地头蛇，看不起这条外地来的土龙，公孙度干脆随便揪一个小错，把襄平县令公孙昭在闹市通衢活活打死。

紧接着，他又下令抓了和自己作对的全郡的大家族首领，全部斩首。

上百个家族，血流成河。各大家族的私兵部曲根本来不及反应。

稳、准、狠、决。

以杀立威。

自此，公孙一族树立起绝对权威。若非山长水远，往来不便，放眼群雄逐鹿的中原，怎么样他也得插上一脚。

相邻的高句丽被公孙度打得喘息不迭，抱头求饶，彻底服气。公孙度又派兵击败乌桓，打下东莱，一举荡平辽东。倭国（即日本）都入朝进贡。

公孙度放眼东汉，壮志满满："汉祚将绝，当与诸卿图王耳。"于是，他自作主张，把辽东分为辽西、中辽两郡，连同东莱诸县，公孙度自封辽东侯、平州牧。

东汉帝国自顾不暇，任他自说自话。曹操掌权后，为图省事，干脆表奏他为武威将军，封永宁乡侯，以为安抚。公孙度说："我王辽东，何永宁也？"

公孙度后来突发恶疾而死，公孙度的长子公孙康继承了基业。

袁绍被曹操打败，两个儿子袁熙、袁尚逃亡辽东。公孙康感觉两难：收留他们吧，会得罪曹操；万一曹操想灭辽东，他又想借助这两兄弟的力量抵抗。弟弟公孙恭建议他先打听曹操动向，看他有没有计划攻打辽东，然后自己再做决定。

细作几天后发来消息，说曹操按兵不动，于是公孙康杀了袁氏兄弟，首级送给曹操，递降表，向曹操俯首称臣。曹操得到了公孙家族名义上的效忠，不必为了面子出兵苦寒之地；公孙家族得了安宁，不必面对刀兵。

于是公孙康继续攻打高句丽——高句丽觉得他们的克星公孙度死了，他们可以适当地嚣张一下，结果辽东大军一路打进高句丽的国都国内城（今吉林省集安市），烧了一把火，映红半边天。

从此之后，高句丽、鲜卑、乌桓、倭国，没有哪个敢炸刺儿，辽东势力范围覆盖整个中国东北、朝鲜半岛和日本列岛。

公孙康死后，基业经过一番曲折，最终落到公孙渊手里。曹魏政权也更迭到了曹叡这一代。

曹叡正被诸葛亮的北伐搞得头大，没有精力对付他，干脆下诏册封他为扬烈将军、辽东太守，只要他安分守己，随便他在辽东那一亩三分地上称王称霸。

但是公孙渊不愿意。

相比他爷爷、他爹，他的野心一点都不小，他要逐鹿天下，问鼎中原。

于是他开始找帮手：派人联络孙权，准备东吴在南，公孙在北，给曹魏来个南北夹击。

孙权很高兴：公孙渊是曹魏的臣子，如今来向自己投诚，无论如何都是打曹魏的脸，更何况这个盟友如此强有力。所以他立刻决定封公孙渊为燕王，并派使者带金银财宝出使辽东，以结盟好。

为此，东吴重臣张昭还和孙权闹得非常不愉快。

张昭看透公孙渊有野心，要造曹家王朝的反，想拉一个盟友给自己分散接踵而至的军事打击，所以他强烈反对出使辽东。

孙权驳回进谏，张昭不依不饶；孙权执意遣使出使，张昭气得不上朝了。

孙权一气，派人用土壅门，让张昭连门都出不了。

张昭一气，派人土内筑墙，你让我出门我都不出。

君臣就这么杠上了。

居然没有我们想象中的那样，做臣子的奴颜婢膝，做君上的趾高气扬，一言不合，血流成河。现在电视剧不都是这样拍的吗？

第六节 谁说小人物不是一部史诗

君臣相交，模式千差万别，无论如何，人际关系于上于下都不是好处理的。那边东吴君臣因为公孙渊闹得不可开交，孙权顶着压力派出使者和辽东结为友好，没想到这边公孙渊喜笑颜开收了礼物，转头就杀了使者。

他初始目的倒不是贪财，只不过是根据自己的使者汇报，觉得东吴不值得合作。

不合作便罢了，杀使吞财，这就过分了。

而且东吴两个使者的脑袋还被他当作礼物，进献给曹叡。如此一来，曹叡发现此人先是勾结东吴，然后背叛东吴，示好自己，典型的三姓家奴，翻脸堪比翻书。

太傻了。

情商太低了。

但是，曹叡仍旧加封公孙渊为大司马，封乐浪公。

曹仁当上大司马，不久死了；曹休当上大司马，不久死了；曹真当上大司马，不久死了。如今，轮到公孙渊了。

谁知道曹叡是不是想咒死他。

孙权暴跳如雷。年已六十的他，脾气也变得像小孩子，下令全军出动，要讨伐公孙渊。山遥水长，这种仗打起来，除了送功绩、送人头，别无作用。

大臣力谏，所幸孙权没有昏庸到底，断了这个念头。

然后，他跑去给张昭卸土道歉。

张昭还不肯原谅他，孙权放火烧门，他都不肯出来。孙权只好把自己放的火又给灭了，继续说软话。到最后张昭的两个儿子拆了门，硬是把自己老子架到皇帝面前，这事才算作罢。

这是一对何等的群臣啊。

东汉时，董卓一言不合就血溅朝堂，曹操一言不合就大喊"我要杀人啦"，连怀孕的女人都不放过。在东吴做臣子，要幸福得多。

公孙渊好得意：两大王国都被我玩弄于股掌之中。

他对曹叡的态度和司马懿对曹叡的态度形成鲜明对比。他是倨傲不恭，言行无端，行止无据；司马懿是敬谨当差，非礼不言，非礼不动。

为了册封公孙渊，魏国派出使者团。公孙渊听说使团中有个武林高手，怕是派他来刺杀自己，干脆亮亮武力，派重兵包围使团所在的学馆。使者被吓得魂不附体。公孙渊这才大摇大摆接受册封。

回到洛阳，使者如实禀报公孙渊的耀武扬威。曹叡由衷觉得此人是个粗人，而且还很讨厌。

景初元年（237年），曹叡下令幽州刺史毌丘俭率领军队出使辽东，要让公孙渊去洛阳朝拜天子。结果公孙渊提兵对阵，毌丘俭带的只不过是地方守备军，没什么战力，只得狼狈退军。

曹叡根本没想到使者去宣天子之威，公孙渊敢悍然陈兵。

公孙渊开始极度膨胀，觉得不但吴国不能拿他怎么样，魏国也不能拿他怎么样，那么好吧，干脆自己做王好了。于是公孙渊自立为燕王，改元绍汉元年。

有了自己的王国，就要扩充实力，于是公孙渊遣使招降鲜卑，还派兵骚扰曹魏的北方。

司马懿奉使出征。

公孙渊虽然低情商，没什么眼光，也不会搞政治，但是架不住人家有雄厚的实力。辽东遥远，地形险要，魏军远道而去，被人家以逸待劳，几乎就是飞蛾扑火的架势。

曹叡召见司马懿，问他该怎么应对。司马懿一句多余的浮夸的话都没有，一个谦恭之外的动作都没有。他已经位极人臣，反而越发小心翼翼。

司马懿在三国群雄之中，只能算是个小人物；若放在数千年征战历史中，更是小人物。但是，考究世上任何一个小人物，谁又敢说，小人物的一生不是一部史诗。

君臣开始推演此次出征事宜。

司马懿推测公孙渊会放弃辽东郡的治所襄平，预先撤离，不和朝廷大军硬碰硬，此乃上策——公孙家族在辽东势力强盛，若是把钱粮、兵员悉数转移，只留一座空城，魏军在明，公孙家在暗，魏军不胜其扰，就算胜利了，胜利果实也难保。

公孙渊若是占据辽东对抗朝廷大军，此乃中策。

公孙渊若是坐守襄平，妄图倚靠城高墙险，负隅顽抗，此乃下策。

司马懿推测，公孙渊不具备才智，也不懂审时度势，所以，他是不会放弃襄平的。他会先占辽河，再死守襄平，赌的是朝廷大军长途奔袭，后援无势，不能持久。

知己知彼，弱能胜强。司马懿在领兵打仗时始终头脑清楚冷静，然而他遇上的对手一个比一个强。先是诸葛亮，再是公孙渊。

第七节 死龟与活龟

景初二年（238 年）正月，司马懿领兵四万，盔明甲亮，北征辽东。曹叡下令幽州刺史毌丘俭所部兵马统一调归司马懿统辖。

司马懿带兵出征，离开了他的大本营关中。将来功成归来，怕是皇帝也不会再让他回关中了，毕竟他在关中树大根深，不好调御。

司马懿不傻，他顺从。这么多年，那么多人来来去去，死的不可能再活，活的说不清什么时候因为什么会死，他一直在。他在有他在的原因。

曹叡把司马懿送出西明门，令司马懿的弟弟司马孚和长子司马师代君上送行，直至三人的家乡温县。

温县一阵沸腾。

本就系出名门，又官居高位；本就人望颇高，又打败诸葛亮，乡亲们与有荣焉。

司马懿大摆宴席，宴请家乡父老。酒酣耳热，赋诗一首：

> 天地开辟，日月重光。
>
> 遭遇际会，毕力遐方。
>
> 将扫群秽，还过故乡。
>
> 肃清万里，总齐八荒。
>
> 告成归老，待罪舞阳。

这是司马懿这辈子作的唯一一首诗。在那样一个讲究风雅的时代，他一点都风雅不起来。

他身上有的是惊人的钝感力。但是，再怎么钝感，他也是有一颗人心的。少年离家，如今华发苍颜归故乡。回想一生，为朝廷征战四方，无一日不战战兢兢，期待有一日能够功成身退，重回故乡。

奇妙的是，他说的是"待罪"。一生战战兢兢，不知道什么时候罪过就从天而降。这就是他一生谨慎的原因。

　　　　庄子钓于濮水，楚王使大夫二人往先焉，曰："愿以境内累矣！"庄子持竿不顾，曰："吾闻楚有神龟，死已三千岁矣，王巾笥而藏之庙堂之上。此龟者，宁其死为留骨而贵乎？宁其生而曳尾于涂中乎？"二大夫曰："宁生而曳尾涂中。"庄子曰："往矣，吾将曳尾于涂中。"

庄子在濮水边钓鱼。楚王派了两个大夫去拜访庄子，希望庄子能到楚国来从政。庄子问："我听说你们楚国有一个神龟，死的时候已经有三千岁了，你们大王用很金贵的绫罗绸缎把它包裹起来，供在庙堂之上。你们说这只乌龟，是愿意死了以后，把它的骨头留下享受大富大贵呢？还是愿意活在泥潭里面拖尾巴玩？"二位大夫说："愿意活着拖尾巴玩泥。"庄子说："你们走吧，我也愿意活着在泥潭里面拖着尾巴玩。"

高贵而僵死，鲜活而自由，如果是你，怎么选？

世人都晓权力好，可是居庙堂之高，有居高的苦处。

《权力的游戏》里，参与这种残酷游戏的人，无一日不殚精竭虑，无一日不用尽心思，无一日不战战兢兢，他们度日如年，他们朝不保夕。眼见你起高楼，眼见你宴宾客，眼见你楼塌了。但是，又无一个不是乐在其中。这是权力的游戏独有的魅力。

至于自由，怕是司马懿这一辈子都不用去想，归故乡都是抱持"待罪"的心态。我们觉得他可怜，他自己不觉得他可怜。

《红楼梦》里，丫鬟也分三六九等，一流丫鬟比如袭人、平儿、鸳鸯等人，二流丫鬟比如晴雯。如果三国好比大观园，一等人物如曹操、刘备、诸葛亮等，司马懿充其量只不过是二等人物。

人家曹操可是各方面素养皆备，雄才大略之主，会领兵、会行政、会作诗，看他作的"东临碣石，以观沧海，水何澹澹，山岛竦峙"，那是何等的大气派。

司马懿不行。迟钝。

干什么都慢半拍。细致，不细腻。

宴饮数日，司马懿继续征程，继续不苟言笑，继续琢磨事情。

那个曾经在家乡的宴席上欢宴醋饮、神采飞扬的家伙，那颗重新鲜活跳动的心再一次被锁在阴深的黑暗中。

第十章
外患内忧轮番来

第一节 乱令背后的心机

一样米养百样人，有的人喜安定，有的人喜动荡，如风拂柳岸，怒涛拍卷，才算合心。所以走在街上，透过眼神，能看到有的人好稳，有的人好斗。

司马懿无疑是好稳的，但是需要斗的时候，他绝不惮于斗上一斗；公孙渊是好斗的，但是惹来大对头的时候，他也不会傻到孤身对敌。

只是他的情商太低。曹魏大军来势汹汹，公孙渊这个脑子脱线的，向东吴求援。

敢情他已经忘记了杀使夺财那档子事了，也忘了自己已经背叛孙权。

孙权怒不可遏，准备斩使示威。

大臣们死劝活劝才劝住了他，建议他派水军去辽东，然后观望战局。若公孙渊得胜，东吴陈兵助威，也算帮了他的忙，打太平拳也落一份人情，何乐而不为；若曹魏得胜，东吴军队可以踏破辽东，大大劫掠，以报受辱被骗之仇。

孙权转怒为喜。

公孙渊也高兴：自己兵多势大，无论怎么欺负东吴，东吴之主也要巴结自己。至于司马懿，他算个什么玩意儿。

三国争战，斥候密探眼线往来穿插，互捅刀子，互透风声。那边东吴出兵，这边曹魏就得了信。魏主担心司马懿，谋臣蒋济说不怕，孙权帮公孙渊是假的。不过，也不排除两军僵持，孙权会趁火打劫。

既然如此，那就不必再派重兵增援，曹叡与众臣于是各自坐着小板凳，在遥远的洛阳安心观战。

六月份，司马懿抵达辽东。

如司马懿所料，没脑子的公孙渊果然弃上策而不用。

　　《权力的游戏》里，龙母带领的大军攻打兰尼斯特家族的凯岩城。此地就是高墙厚垒，易守难攻。但是大军到达后发现，此地只有极少数人马，所以非常轻易就攻占了它。攻占了才知道，根本不是占了什么便宜，原来兰尼斯特家族的大军已经出发去攻打另一个死对头家族；凯岩城的粮草也早已经运走，留给龙母的只是一座空城。就算占了又怎样？龙母的军队在这里孤立无援，根本坚持不了多长时间。

　　公孙渊如果也像兰尼斯特家族那么聪明就好了，他却说什么也不肯暂时放弃辽东。仗着兵力雄厚，辽东大将卑衍、杨祚于大小辽水之间布下严密的防线，对魏军严阵以待。

　　毌丘俭军不久前就是在此地受挫。前车之鉴啊。

　　可是司马懿不怕。

　　对战过诸葛亮，已经没有什么让他担心害怕的了。

　　卑衍、杨祚想以彼之计，还施彼身，用司马懿耗死诸葛亮的战术，憋死不出战，来耗死司马懿。可是他们既不是诸葛亮，也不是司马懿。深沟高垒虽然能够环护一座城，却环护不了偌大的整个辽东。

　　司马懿把军队开到防线南段，安营扎寨，遍插旌旗。一时间旌旗遮天蔽日。

　　卑衍、杨祚应时而动，主力调往南线。如果魏军敢在南线渡河，就让魏军统统死在河里喂鱼。

　　没想到，月黑风高夜，魏军全军出动，撤离营寨，一路向北，绕到防线尽头，尽数渡河——长矛利刃尽指辽东军的后背。

　　傻乎乎的辽东军还在死盯着魏军大营的旌旗，想象着下面攒动的人影尽在我军严防死守之下。几天后，他们才发现司马懿大军明修栈道，暗度陈仓。

　　辽东军悍不畏死，就地转身，要和魏军面对面地硬碰硬。

　　司马懿才不肯呢。他下令毁掉所有渡船，沿着辽河构筑简易城防工事。看起来，是要和辽东大军对垒了。

　　在南岸对垒不行吗？绕那么远跑这里来对垒？大家都不明白。

没想到，工事构筑已毕，司马懿却下令全军向东北方向急行军，直捣襄平城。

后有辽东大军，前有襄平守军，自己家的军队是要找死吗？给人家来当饺子馅？为什么不攻打近处的辽遂呢？

面对将领疑问，司马懿说："我意已决。"

果然，魏军一动，卑衍立刻下令：全军出动，尾随司马懿，到襄平城下把魏军给包了饺子。

司马懿听到斥候来报辽遂大军出动的消息，立刻下令全军掉头，迎战！

这时候，他才解释一系列"乱令"的原因：

"辽遂的军队一见我要进兵襄平，一定会急切追击，这下子就变守势成为攻势。可是此地易守难攻，如今攻守调了个儿，我方成了守势，占尽了便宜，所以，不打是孙子，打不赢也是孙子。"

这就是他不打辽遂，反而出兵襄平的原因，原来不过是诱敌出洞之计。

辽遂守军渡了一番河，跨了一番魏军工事，累得一个个大喘气，全无迎敌意识，根本没想到魏军会掉过头来，冲自己张开大嘴。

一时之间，杀声震天，血溅黑土。魏军三次进攻，挺枪突进，卑衍、杨祚毫无还手之力。

数万辽东大军被灭。

背后再也没有一杆枪寒光凛凛地指着自己，司马懿再没有后顾之忧，襄平城遥遥在望。

此时，公孙渊已知卑衍、杨祚全军覆灭，他还有机会弃城而走，然而，他舍不得。他公孙家在此地经营三代，这里是他的最坚固的要塞和堡垒。

他决定，就是耗，也要把司马懿耗死。

第二节　血河

《世说新语》载，刘尹道桓公："鬓如反猬皮，眉如紫石棱，自是孙仲谋、司马宣王一流人。"讲的是桓温豪爽有风度，相貌威武，面有七星，刘恢曾称赞他说："双鬓像刺猬毛竖起，眉棱像紫石棱一样有棱有角，活脱脱是孙权孙仲谋和晋宣王司马懿一流的人物。"

大体上，司马懿的模样也就有了一个参照。总的来说，长得挺粗犷。再加上他鹰视狼顾，此人面目粗犷、神情阴深的形象也就跃然纸上。

公孙渊对上的，就是这么个人。

司马懿出兵之时，就已经带足三百天的粮草，做的就是打持久战的打算。所以，他不急于攻城，他围城。

长于奔袭的辽东军开始守城，孤悬辽东的魏军开始围城。局面翻转，满满都是戏。

司马懿是个戏精。

魏军把襄平城团团围住。

七月来临，霖雨抛洒，辽东的雨季来了。

倾盆大雨之下，辽东成了泽国，平地水深数尺。魏军苦不堪言，他们的统帅司马懿却心花怒放。有人张罗着要转移营地，司马懿不许，还砍了第一个说这话的人。杀威一立，没有人敢再多嘴。而他选定的营址也并没有被水淹没之虞，魏军军心渐稳。

公孙渊也欣喜若狂。大雨助力，困住魏军，不用担心他们攻城，他们根本连城墙都靠不近。

辽东军民从紧绷的情绪中恢复过来，在静止的魏军大营面前打柴种菜，放牧牛羊。反正四万魏军好像四万木头人，不会动。

司马懿严令他们不许动，不能出战。

没必要出战。辽东兵多，魏国兵少，打不过；辽东兵饿，魏国兵饱，耗得起。

而且，自己的包围圈还没有合拢，万一出兵，吓跑公孙渊怎么办？

一个月后，包围圈终于合拢。攻城器械也用船运抵襄平城下。

"攻城。"

司马懿摸了摸胡须，面向着自己的大军，回头用鹰一样的眼神看了一眼被围得铁桶一样的襄平城，平静下令。

景初二年（238年）八月，总攻开始。

魏军不是居下攻城，而是居高攻城。司马懿早命人在城外垒起土山，高逾城墙。魏军神射手们高高地站在上面，箭射如雨，直飞襄平守军，如同收割性命的死神。

魏军的工兵则疯狂地抡镐动锹，叮叮当当，热火朝天，要挖穿襄平城墙。

包裹着铁皮的巨木被抬着轰咚、轰咚地撞击襄平城门；云梯架起，魏军步兵罔视守军的滚木礌石，拼命往上攻。

一时之间，密密麻麻，一座襄平城如一只巨象，被数不清的蚂蚁附身。咬啮、撕扯、吞咽，不知疲倦。巨象翻滚、挣扎，仰天悲鸣，无法脱身，眼看着暴露出森森白骨。

襄平城内，几成人间地狱。早在雨季初临，襄平城内存粮已尽，一切皆成口中食，甚至于从吃死人，进而发展到吃活人。异象频显，"犬冠帻绛衣上屋""炊有小儿蒸死甑中""襄平北市生肉，长围各数尺，有头目口喙，无手足而动摇"……

人心彻底散了，也彻底野了。

美丽的八月中秋，秋空悬明月，凉露沾人衣。一颗陨石破空而来，划过长空，坠入大梁河。不祥之兆啊，公孙渊长叹一声。

司马懿接到投降书，书上请求司马懿撤兵，公孙渊愿"面缚"出城请罪。

司马懿冷笑一声，斩杀来使。

公孙渊再派使者议和，要送自己儿子做人质，保自己不死，辽东军不灭。

司马懿对使者说："军事大要有五，能战当战，不能战当守，不能守当走，其余两件事，只有降与死可供选择。既然公孙渊不肯投降，当然无须送子为质，只有死路一条。"

数日后，襄平城破，公孙渊与其子带数百骑突围而逃，魏军紧紧咬住不放，杀公孙渊父子于梁水之上——公孙渊命殒于陨石落处。

战争结束了。

但是，苦难结束了吗？

司马懿入襄平，点召辽东公卿百官、被俘的将官及十五岁以上参战的士兵，一声令下，开始了大屠杀。

公孙氏政权中，公卿以下官员被诛杀一空。武将毕盛等将官两千余人，十五岁以上兵民七千余人悉遭屠戮。七月天降大雨，八月司马懿降下血河。

这个人狠起来，和曹操是一个路数的。

当年曹操打算把父亲接到自己的地盘，其父路过徐州，陶谦害了他的性命，曹操大怒，发兵攻破徐州，陶谦死，曹操屠城，血流成河。

如今的襄平，造孽了。

一番血洗，司马懿命人把尸体码在一起，用土封上，谓之"京观"，供人一览，慎诫其心，让他们不敢谋反。

鹰视狼顾之臣，一直抿翅敛目，佯装温良。此时，终于露出如炬的双目和森森獠牙。

第三节　洛阳出事了

人间地狱的襄平城，腐肉与苍蝇齐飞，朽木与白骨乱舞。

司马懿对此似乎完全无感，这个家伙似乎已经摒弃了作为一个人的正常情感。战争中的杀神，视人命如草芥，大抵都是如此。所以人类历史中，动辄有屠城，有杀戮，有奸淫掳掠。大刀阔斧，战马疾驰。

这天夜里，司马懿做了一个梦。

梦里，曹叡痛苦地指着自己的脸，对他说："视吾面，视吾面！"司马懿低头去看，皇帝的脸青黑如同鬼魅。司马懿惊醒，心脏兀自咚、咚、咚跳，如同鼓震。

醒来长吁一口气，宽慰着自己：不过是一个梦。转过头又投入忙碌的战后重建。

司马懿就是这么个人。他不会走一步看一步，他会走一、看二、想三。第一步迈出去之前，第二步、第三步早已经想好应对措施。他以非凡的毅力与忍功，一步一步，走向自己定好的目标与方向。

第一步，以杀立威，他做到了。

下面，他要做第二步工作：抓大放小，略施薄恩。

公孙渊的叔叔公孙恭，在公孙渊年小不能摄政时，受众人推举，做辽东太守。太和二年（228年），他被长大成人的公孙渊胁逼退位并囚禁。此时被司马懿下令放出，并且声明，大魏征伐公孙渊，不征伐整个公孙家族，更不征伐辽东百姓，所以，汝等尽可放心。

做了活人的功课，又做死人的功课。公孙渊手下曾经有两员大将——纶直、贾范，二人屡次对于公孙渊不臣于魏苦苦谏劝，被公孙渊杀掉。司马懿对这二人的坟墓隆重修缮，以示大魏对于忠于魏国的义士厚遇礼待。

以杀立威，以活施恩，恩威并施之下，公孙氏原来统治的带方、乐浪、玄菟等郡均向魏国投降，辽东六郡自此列入曹魏版图，司马懿征辽东大获全胜。

238 年，曹魏完成了对北方的统一。

对于苍生百姓，司马懿罪无可赦。

对于曹魏政权，司马懿功不可没。

但是，司马懿不傻。他知道功高震主是不好的。

所以，第三步棋，他也想好了。

司马懿班师回朝，此时中原地区已是深秋，辽东早已经雪花飘飘。辽东府库棉袄堆积如山，他却让士兵冻着。他说，这是我大魏官府财产，我不能施我私恩，布我私德。

魏国远征军就这么身着单衣，瑟瑟发抖地离开辽东。至于他自己，自然也不会厚衣暖被。他不是肉林酒池的昏庸之辈，他心机深细，他是司马懿。

头顶上有两只眼睛，高高在上，盯着自己的一举一动，时时刻刻。他下意识地抬头看了看，头顶只是苍青色、雪花漫卷的天空。

兵行蓟县，曹叡遣使表彰司马懿大功，加封昆阳县。

从此，他拥有了昆阳和舞阳两处封地。在异姓公侯中，这是独一份。

一年将尽，司马懿终于要回到洛阳了。格外繁忙、格外劳心、格外残忍和血腥的一年就要过去了。曙光将至，曙光已现。终于可以过安稳日子，可以衣锦裘、骑肥马、食炙切脍，与亲友共饮美酒了。

可是，情况不对了。

十二月二十五日，曹叡下诏，命司马懿绕过洛阳，直接返回长安，坐镇关中。

司马懿谨遵圣命，车仗绕道，取道轵关，前往长安。

可是，他又接到第二道诏书，命他即刻返回洛阳。

司马懿谨遵圣命，车仗掉头，返回洛阳。

第三道诏书又到了，命他绕过洛阳，直接返回长安。

洛阳出事了。司马懿想。

他下令，车仗缓行。

第四封诏书到了，是天子亲笔手诏，特使专送，只有迤逦歪斜的一句话："间侧息望到，到便直排阁入，视吾面。"

司马懿浑身一紧，眼神如针似的猛地一缩。那个快被遗忘的噩梦浮上心头，视吾面，视吾面。而君王的面，青黑如同鬼魅。

果不出所料，特使说，天子命在顷刻，洛阳时局动荡，大风大雨要来了。

司马懿抛下车仗，轻身疾行，脑海里回响着曹叡的呼唤："视吾面，视吾面"，不断扬鞭催马，嘴里叫着："快，快，快！"

再不快就来不及了，来不及了！

第四节　局变

洛阳城里，乱作一团。

十二月上旬，曹叡突染恶疾。这家伙离秦皇汉武的标杆越来越远了，不见什么雄才大略，倒是喜欢挖土挖泥地盖宫殿，好像浑身的劲没处使似的。更要命的是好色，嫔妃上千。这么多人，他认得全不？就是一夜宠幸一个，他受得了不？

夜夜笙歌的结果，就是才三十四岁，就身染重病，大限将至。

曹叡是有亲儿子的，可惜三个都夭折了。后来领养了二子：秦王曹询、齐王曹芳。

这两个孩子，一个九岁，一个八岁，谁来继承皇位，得登大宝？

又怎么能保证幼子手中的君权不会旁落？

好操心啊。

死都不能死得痛痛快快、利利落落。

十二月二十四日，曹芳被立为太子。

曹叡指定了五个辅政大臣：燕王曹宇、领军将军夏侯献、武卫将军曹爽、屯骑校尉曹肇、骁骑将军秦朗。曹宇为大将军，位列辅政大臣之首。

这五个人，曹宇是曹叡的皇叔，曹爽是曹真的儿子，曹肇是曹休的儿子，夏侯献是夏侯渊的孙子——曹操和夏侯的祖上是给刘邦当车夫的"夏侯婴"，后来曹操的爷爷被太监抚养，做了干儿子，也就改姓"曹"。在三国时代，曹家和夏侯家是一家。至于秦朗，是曹操的养子。

说到底，都是他们曹家的人。

司马懿没这个资格。

退一万步讲，君权这朵花就算旁落，也应落在曹家的花园里。

更何况，他们曹魏家的"周文王"曹操当年那句话犹在耳："司马懿非人臣也，必预汝家事。"

那么，好吧，洛阳这个权力中心，就不要再让他进来搅和了。于是，第一通诏书，就是不让他进洛阳，赶他回长安。

事情本应如此定局，但是历史如此诡谲，任何人都不会想到节外生枝。

旁枝有两根，一根刘放，一根孙资。

孙资，在曹操手下历任县令，参丞相军事。

刘放，因有劝王松归顺曹操之举，被曹操招为司空府官，又外放历任几处县令。

魏国草创时，孙资与刘放俱任秘书郎。曹丕继位后，二人一同掌握机密。到曹叡这第三代，孙资和刘放仍旧是朝廷秘书长。

二人有志一同，穿同一条裤子，长同一种脑子。

而且，他们都交好司马懿。

能历三朝而不倒，这都是人精、戏精。

司马懿当然更是无可争议的人精、戏精。

所以，当朝权贵，尤其是曹姓宗室权贵不屑于搭理二人的时候（尤其是夏侯献、曹肇和秦朗，根本瞧不起他们，而司马懿对二人永远是亲切而恭敬），若权力更迭，他们更愿意看到司马懿手握重权。

但是他们没有能力参与最终决策，难道大局定矣？

没想到很快就出了事。

在孙、刘面前，夏侯献、曹肇指着殿前的一棵鸡栖树借题发挥："这也太久了，看他们还能活几天！"

刘放和孙资脸色变了。弦外之音，太过凶险。

十二月二十七日，曹叡病情加重，曹宇照例谦辞推让，自称德能不足，不敢辅政。曹叡不解其意，孙、刘二人说："燕王也知道自己能力不行呢。"而且他们又阴险提醒："圣上忘了先帝'藩王不得辅政'的遗诏了吗？"

良久的静寂。

二人偷偷抬眼，窥伺面无表情的曹叡，刘放狠了狠心："陛下，您刚得病，曹肇、秦朗就调笑后宫妃嫔，而燕王在城南屯兵，拦阻大臣觐见，这岂是忠臣良将所应当干的事情？分明就是奸臣贼子的行径！"

曹叡霍地睁开眼睛，满脸难以置信。大魏江山，要交到这种人手里吗？耳边还响着刘放的声音："皇太子年幼，国家内忧外患，若祖宗基业托付他们，恐怕社稷危险。"

曹叡眼前金星乱冒，勉力平静一会儿，问："那谁可担此重任？"当时只有曹爽在侧，二人异口同声："曹爽能行！"

曹爽做梦也想不到砸下这么一个大馅饼，紧张得汗流满面，脑筋飞速运转：本来在这五人之中，他算是最无能的一个，想着跟团跑就行，这下脱颖而出，自己行不行？

曹叡扭头看他："你行吗？"

刘放踩他一脚，他恍然大悟，叩头谢恩："臣……臣以死奉社稷。"

曹叡仍旧迟疑，眼前忽明忽暗，一口气强吊着，不敢往下咽。曹爽不行，起码他一个人肯定不行。还需要有一个人才行，谁呢？

喃喃地，他把话问了出来。

刘放和孙资异口同声："司马懿能行。"

长久以来，司马懿屏息、敛气、静思、稳步、从不高声。他能干，但是能干得毫不耀眼；他立功，但是从不居功。他没有傲气，在那样一个乱世杀伐、举国谋奸的黑暗年代，他好像蓝汪汪一块无情的天空。

无情，是因为无欲吧。他竭尽全力一直在表明的，是他对于曹魏政权的忠心。这片忠心，曹叡看到了。

所以，曹叡点了头。

于是，司马懿接到第二道诏书：即刻返回洛阳。

刘放、孙资抹一把冷汗，喜色满面，离开曹叡，出了寝宫。

第五节　托孤

天下大势，不如山，如水。山可以千年万载不更变，水却是瞬息之间平如镜，瞬息之间起波澜。

转眼之间，局势又变。

曹宇、曹肇听到消息，扑到曹叡病榻前，放声大哭。曹叡也觉得刚才的决定失于莽撞，有欠考虑，决定收回成命。

于是第三封诏书下达，司马懿不能回洛阳，需直接回长安。

曹肇心满意足，离开曹叡，出了寝宫。

曹叡长叹一口气，可算清静了，可以歇歇了。

耳边又是谁大放悲声？

原来刘放、孙资听到消息，复回，号啕大哭。曹叡被哭得头越发晕，两人喋喋不休，晓之以理，动之以情，句句不离大魏社稷，字字都是幼主危矣。曹叡只想再得清净，好好好，就依了你们，于是，再下诏书，任命曹爽、司马懿为辅政大臣。

不，刘放不肯："陛下，诏书反反复复，不易取信，您要亲笔书写，方才能让人相信。"曹叡说我累了，写不动了。刘放二话不说，取来笔墨，抓住曹叡的手，歪歪斜斜，草成亲笔诏命，派天子特使，火速疾驰，令司马懿速回洛阳，面见当今圣上。

至于燕王曹宇等人，刘放又拟诏免除他们的全部官职，命令卫士不得放他们入宫，违令者斩。

曹宇等人大势已去。

大势定。

司马懿回。

景初三年（239年）正月，洛阳。

司马懿步履匆匆，直入嘉福殿。

曹叡奄奄一息。

君臣相见，司马懿一叩到底，额头挂着豆大的汗珠。他真怕，真怕见不到了。曹叡一直待他不薄，他待曹丕的这个儿子，一直恭谨尽心。

当年，他和曹丕也是贴心的手帕交啊。

魏明帝强撑病体，一把拉住司马懿的袖子，手指曹芳："此是也，君谛视之，勿误也。"又说道："你要辅佐他，我不在了，你要好好辅佐他。"

六十岁的司马懿泣不成声。

影视作品中，司马懿对他的弟弟司马孚说，你当不了官。当官要想哭的时候就能哭得出来，不想哭的时候你也要哭得出来，你没有这个本事。言外之意，你不够假。

官场浸淫，谁也看不透他的眼泪有几分真、几分假。可是，历经曹氏三主，平生拼死苦劳，难道不就是为的魏国基业？他对于自己心血、汗血、杀孽浇灌出来的曹魏江山，不能不动感情；对于这个自己的儿子辈的皇帝，曹丕的儿子，不能不动感情。

他有血肉，不是木石。

曹叡提起最后一口气，对曹芳说："快，抱抱老太尉！"曹芳怯怯地走上前，搂住司马懿的脖子，司马懿一把抱紧了曹芳。曹叡说："我死期已至，强撑不死，只为等你回来。如今你回来了，好，很好。你要和曹爽力保我的儿子，力保大魏江山。"

司马懿叩头出血："陛下当还记得，当年先帝也是这样把陛下托付给老臣的。"臣当年不辜负文皇帝陛下的托孤之重，今日也不会辜负陛下的托孤之重，我主安息。

曹叡吐出胸中悠悠一口余气，双目紧闭，再也睁不开。

魏明帝曹叡晏驾，时年三十五岁。

同日，齐王曹芳即位。

曹爽拜大将军，假节钺，都督中外诸军事，录尚书事，与司马懿各自统领三千禁军。

司马懿升侍中，持节，都督中外诸军，录尚书事，与曹爽各自统领三千禁军。

二人共执朝政。乘车入朝，赞拜不趋。

四朝老臣昏鸦尽，托孤之重花甲身。

十三年前与他一同接受遗诏的曹真、曹休、陈群全都已经不在了。曹丕那句话用在这儿是多么恰当："百年己分，可长共相保，何图数年之间，零落略尽，言之伤心。"

司马懿像一株老木，粗壮的躯干种在朝堂之内，延展的枝条伸展于外，他的势力无人能及。

除了曹爽。

第六节　一树闲花绘浮华

猛然中了五百万是什么感觉？突然被天上掉的馅饼砸到是什么感觉？意外之喜，既令人喜，更令人惊。

这些日子，曹爽感觉精神恍恍惚惚。

一切都显得那么不真实。

曹爽体肥，自少即以宗室身份出入宫廷，秉性谨慎，老成持重，不越位，不争功。曹叡即位后，他任散骑侍郎，累迁城门校尉，加散骑常侍，转任武卫将军。其父曹真死，他袭封邵陵侯爵位。在曹室宗亲中，是有地位但不显要的一个人，所以在初定的辅政大臣中，他名列第三。

如今，相当于天上掉下个大馅饼，他接是接了个满怀，但是有些受宠若惊，有些战战兢兢。

大将军，自己成了大将军。

首席辅政，自己是首席辅政。

自己何德何能。

所以，曹爽对于立下赫赫战功、朝野声誉日隆的司马懿，是敬重的。从年岁上讲，司马懿也是他父祖辈的人。所以，辅政之初，大事小情，他都去垂询、垂听。

司马懿一向谦卑以自牧，人敬一尺，我还一丈。二人相处和美，传为美谈。

若一直同心勠力，便无后面的事端。司马懿这个人是一种典型的被动型人格，很大程度上是被事态推着走。也有心机，有谋算，但是，很多的主意都会烂在肚子里，如果没有合适的土壤，他不会任由暗黑的心机生长壮大。

从星座论，他很像摩羯座。如需忠贞，便忠贞；如须反戈，便义无反顾做你的敌人。被动、应激，不主动找事，但是，不畏缩怯事。

曹爽上书皇帝，请求为司马懿加官太傅和大司马。太傅是荣誉，大司马是实职。朝廷因为大司马不吉利，这个职位克死好几个人，所以给司马懿加官太傅。司马太傅欣然上任，为民请命，罢除现役的上万民工，回家自过生理。次子司马昭此时为洛阳的典农中郎将，也着力于百姓休养生息，少做工程，多务生理。

这个时候，曹爽对司马懿是恨不得托金盘，盛满好东西，送给老太傅。

但是，权力这个东西，长着毒牙，伸着毒藤。

攀龙附凤人人都会，鸡犬升天的道理大家也都懂。曹爽身边迅速聚集起一帮人。

一帮文人。

一帮曹叡时代备受压制和冷落的失意文人。

这群文人的失意，是因为"太和浮华案"。

政治需要文化的支撑，但是，政治不需要文化发出的声音过于宏大。基本上来说，政治讲手段，不讲情怀。哪怕是有情怀的政治家，最终也要让位于目的和手段。

所以文化的位置就很尴尬。在那个时代，文化的位置格外尴尬，尤其是摊上一个没有什么情怀和文化细胞的主子。

曹操是雄猜之主，文学功力自不待说，他的作品读起来，沉郁雄浑，令人心旌摇荡；他的两个儿子曹丕和曹植，曹丕自立为帝，他的文学功力比他爹虽是逊了一筹，但也在文学史上有一席之地；曹植虽然没有空间施展他的政治才华，但是他的文学功力更高。

到了曹叡这一代，他们曹家的文学才华好像已经荡尽，曹叡没有留下什么文学作品，而且也没有什么文化情怀。

在曹操和曹丕的时代，文人们的日子是比较好过的，那时的文人们备受尊重。但是到了曹叡这一代，文人们就非受失意的待遇不可了。

也难怪失意。当初兵血战火，慷慨悲歌，文字里也风骨铮然。所谓建安风骨，就是指的操、丕、植这两代文人笔底下流露的家国情怀、世事沧桑；到了曹叡的太和初年，此种风骨不再，青年才俊在父辈打下的基业里平安快活地成长，胸中自少兵戈气象，也少忧国忧民的情怀，所行之路无非聚众交游，所谈之言无非清淡玄远。好么？自然是好的，经济基础有了，上层建筑也要跟得上，否则这个时代就只能是奢侈、浮夸而无聊的时代。但是，对于那些从旧时代走过来的老人来说，就不好了。

夏侯玄，出身于夏侯家族，祖辈夏侯惇、夏侯渊，父亲夏侯尚，军功世家。夏侯尚死后，夏侯玄十七岁袭爵，不到二十岁就担任散骑侍郎——这是曹魏最杰出的青年才俊才能担任的职位。曹叡宠爱的毛皇后有个弟弟毛曾，也被任命为散骑侍郎。一次，曹叡令毛曾与夏侯玄同坐，时人调侃之为"蒹葭倚玉树"。夏侯玄终席而色有不豫，惹曹叡忌恨贬官。

　　夏侯玄、何晏、邓飏、诸葛亮的族弟诸葛诞、司马懿的长子司马师、李休的儿子李胜、刘放的儿子刘熙、孙资的儿子孙密，一群青年人聚在一起，谈玄论道，言旨玄远。

　　就像一树闲花，开得热热闹闹。

第十一章

冢虎缩进窝里去

第一节　名士好像鲜花瓣

《国老谈苑》说古代一个有钱人家养了很多鸟，一个朋友来拜访，见白鹤就问养鸟人是什么鸟。养鸟人骗他是尖嘴老鸦；再问淘河，养鸟人说是尖嘴老鸦的儿子；又问白鹭，养鸟人骗他这是尖嘴老鸦的孙子。这人感慨："真是一代不如一代。"

鲁迅在《风波》里写愚昧无知的九斤老太，动不动就拄着拐棍子，橐橐地敲着地面，说："一代不如一代！"

老一代的，总归是百般看不惯新一代的。及至新一代长成老一代，又百般看不惯底下的新新一代。世事总轮回，苍天不饶谁。

董昭是曹魏的开国元勋。他建议曹操迎天子以令诸侯，他建议曹操受封魏公、魏王。在曹操、曹丕、曹叡三代人手里，他屡次升迁，官至司徒。

太和六年（232 年），董昭被正式任命为司徒，上疏陈述流弊：

> 窃见当今年少，不复以学问为本，专更以交游为业；国士不以孝悌清修为首，乃以趋势游利为先。台党连群，互相褒叹，以毁訾为罚戮，用党誉为爵赏，附己者则叹之盈言，不附者则为作瑕衅……又闻或有使奴客名作在职家人，冒之出入，往来禁奥，交通书疏，有所探问。凡此诸事，皆法之所不取，刑之所不赦，虽讽、伟之罪，无以加也。

一时之间，奏章如雪片，对于"浮华交会"之事大家都表示了自己的切齿痛恨。

曹叡身为帝王，他也喜的是干实事，不喜谈玄说理，于是取缔"浮华交会"，凡是与此有涉的名士，永不重用。

这些名士的功业之路断了。凡是被定了"浮华"罪名的人，都有了案底，基本上没有了政治前途。司马懿的大儿子司马师没有受这样的影响，应该是司马懿运作的结果。虽然他当时正在和诸葛亮缠斗，但是，能力是足够搭救自己的儿子的。从此司马师和旧友分道扬镳，继续在仕途上发展。

山不转水转，水不转人转。

曹叡死，曹爽兴。

司马懿也兴。但是，司马懿既老且奸，又无情怀，一辈子只作过那么一首还乡诗，文采一般般，胸襟一般般，不好撺弄他，他又对名士们始终不欣赏。

曹爽不同，本就根基浅，且套路亦不深，长久以来，静默持重，相比司马懿，是太好撺弄的一个人。他要想和司马懿分庭抗礼，少不了背后的谋士团。

于是，名士们好像蜂蝶，纷纷向他这朵大花靠拢。

何晏是个大名士。

他是大将军何进的后人，字平叔。他的母亲貌美，被曹操纳作妾，何晏被曹操收为义子，极其重爱。"何晏七岁，明惠若神，魏武奇爱之。因晏在宫内，欲以为子。晏乃画地令方，自处其中。人问其故？答曰：'何氏之庐也。'魏武知之，即遣还。"

何晏没有改名曹晏，完全是因为他自己的原则。

他遗传了母亲的美貌，而且生得极白。曹叡怀疑他脸上搽了粉，大夏天的，给他吃热汤面。他吃了面，热得大汗淋漓，身上穿的是大红衣裳，就手拿来擦汗，脸色越发白得透亮，像鸡蛋清一样。

而且他还服五石散。他算是开了当时名士们服五石散的不良风气。

所谓"五石"，葛洪认为是"丹砂、雄黄、白矾、曾青、慈石"，隋代名医巢元方认为是"钟乳、硫黄、白石英、紫石英、赤石"。这些东西药性燥热炙烈，服后全身发热。何晏自己说："服五石散，非唯治病，亦觉神明开朗。"事实上，这是一种慢性中毒的表现。唐代孙思邈呼吁："遇此方，即须焚之，勿久留也。"

他就这样吃着慢性毒药，张扬着个性，成为曹爽的首席谋士。

曹爽的二号谋士叫邓飏，字玄茂。他有过一个著名的外号，叫"以官易妇邓玄茂"，因为他曾经帮一个叫臧艾的人谋官，臧艾把父亲的一个小妾送给邓飏来作回报。这样的人，人品怎么能好？

曹爽的三号谋臣最厉害。吃人不但不吐骨头，而且暗中行事不声张。他叫丁谧，字彦靖。他的父亲丁斐对曹操有救命之恩，所以丁斐虽然屡次贪财触法，曹操都挺宽宏大量的。一次，他用家里的瘦牛私换官家的壮牛，被人揭发下狱，曹操问他："文侯，你的印绶在哪里啊？"他说："用来换饼了。"曹操大笑，回头对陪同的官员说："东曹掾毛玠数次向我投诉丁斐，想要让我对他重治罪。我有丁斐，就像家里的狗会偷主人家的一些东西，却会捕捉老鼠，虽然有一些小损失，却保护好了我的粮仓。"于是释放他，恢复他典军校尉的职位。这也是曹操用人重才不重德的典范。

丁谧深受其父熏陶，才干比他爹更强，德行比他爹更差。丁谧当权后，洛阳有一句民谣，叫"台中有三狗，二狗崖柴不可当，一狗凭默作疽囊"。三狗就是何晏、邓飏、丁谧，何晏和邓飏嚣张乱叫，汪汪汪，丁谧默不作声，大嚼人肉，咕噜咕噜。

第二节　曹爽变心了

独木难支，人才永远是不嫌多的。

所以，李胜和毕轨也依附了来。此二人没有太有名的事迹，但也受浮华案的牵累。如今世道变了，他们聪明地、迅速地团结在曹爽周围了。

另外，还有一个桓范。他一个人抵得过新近团结在曹爽周围的五人智囊团。他是一个大智囊。

干宝《晋纪》云："爽从天子谒陵，桓范出赴曹爽。宣王谓蒋济曰：'智囊往矣！'济曰：'范智则智矣，驽马恋栈豆，爽必不能用也。'"此话已是曹爽和司马懿闹掰之后，司马懿说的话。来自仇敌的评价是最客观的。

桓范有才，脾气也大。

建安末，桓范入曹操的丞相府，旋即受命编纂《皇览》一书，这算是类书的鼻祖了。太和年间，桓范做了中领军尚书，持节，都督青州、徐州二州军事，跟徐州刺史郑岐不知道什么原因打了一架，居然仗着符节在手，打算私底下干掉郑岐，结果被郑岐告到曹叡面前。曹叡很生气，免了他的官。

后来，他又被任命为兖州刺史，不过身份就低了许多。

再后来，不知道什么原因，他和他的妻子起了口角——妻子顶撞了他，他大怒，持剑柄撞其妻腹部，他的妻子正怀着孕呢，结果流产，大出血而死。

自此，他行事鲁莽急躁的名声传彻曹魏官中。

正始年间，桓范做了大司农，掌管农事。

从才干方面说，此人文也做得，武也做得，到了他职掌天下农事、盐铁、租税等，也能做得很好。而且"又以清省称"，挺清正省约的一个人。

而且他还能够著书立说，"尝抄撮《汉书》中诸杂事，自以意斟酌之，名曰《世要论》"。

正始年间的风气，是大家都清谈，语义玄远奥妙，他却论世论时，言旨不够玄远，被世人讥笑。

脾气差、情商低、没眼色，就这么个家伙。

所以当何晏向曹爽推荐他为谋士的时候，曹爽是持怀疑态度的。结果何晏说："此人虽然行事鲁莽，但心思缜密，出谋划策切中要害。"

于是，曹爽自此礼遇桓范。九卿之中，桓范得大将军敬重，是独一份。而桓范则始终保持着不即不离、若即若离的态度，并不向曹爽亲切而火热地靠拢。

他决定观望。

所以他有资格称智囊。

与他相反，何晏五人团走路脸冲天。

司马懿胡须猥集的脸上，看不见喜怒。何晏等人撅着尾巴摇摆而过，他只是回过头去，乜斜了那么一眼。

曹爽变心了。

司马懿受封太傅，就是他的主张。

他上疏皇帝，反复申明，自己不如司马太尉劳苦功高，而忝列其上，己心不安。自己也不过是做了一些伺候先皇、侍疾尝药的臣子本分，而司马太尉年高德劭、劳苦功高，所以，请求陛下封司马公为太傅、大司马，好让天下人都不再笑话我无德，徒占高位。

奏章能上给谁呢？还不是上给他自己。小皇帝还是八岁的奶娃子。于是曹爽自回诏书，自允其请，自封司马懿为太傅、大司马。

但是，"小皇帝"又说，大司马这个位置太不祥了，已经克死了曹仁、曹休、曹真这几位国之重臣，连公孙渊也是死在这个位置上的。"朕惟先帝固知君子乐天知命，纤芥细疑，不足为忌，当顾柏人彭亡之文，故用低徊，有意未遂耳！"

所以，"其以太尉为太傅"。

尊贵的爵号，无用的虚衔。司马懿被架空了。

被架空的司马懿什么也没说，该干什么继续干。

刀子杀不到眼珠前面，他什么也不去想。或者说，想也只是想想。

位极人臣，极富尊荣，备受景仰，一人之下，万人之上，他又不傻，谋反的成本太高了。

如果能够准许他在太傅的位置上干到死，他是情愿的。

惜乎风大雨大，想求安静，焉可得乎。

曹爽开始种树。

种自己的树。

他安排何晏做了吏部尚书，卢毓做了尚书仆射，邓飏、丁谧进了尚书台，曹爽自己担任录尚书事。

曹魏一国的行政大权尽归己手。

毕轨担任司隶校尉，李胜担任河南尹，手握地方实权，和身在朝堂的自己里呼外应。

司马懿斗死了诸葛亮，战死了公孙渊，他在军中的影响力并不以他的军职被夺而消弭，司马家的关系网仍在。

军权和政权的关系，是里子和面子的关系。面子硬的前提，是必须里子硬。任何一个想要握牢政权的人，都不会轻视军权。所以曹爽一定会巩固自己的军权，削弱司马懿的军权。

他手下的谋士们不是白吃饭的。在丁谧建议下，他命曹羲出任中领军，统领中央禁军，族弟夏侯玄则出任中护军，手握禁军人事任免权，曹训则负责四大营中最精锐的武卫营。曹爽别的弟弟们也都进宫做了侍从。

宫内宫外，全部都成了自己的人。

第三节　军神

司马懿什么话也不说，一张胡须猥集的脸上毫无表情。

此人最能耐受辛苦，也最能忍受欺凌。"坚忍"这个词用在他的身上，百分百合适。当初诸葛孔明送他一套女人衣衫，他都能笑纳；如今曹爽几乎把他阉成了有职无权的"公公"，他也能不动声色。

白云苍狗，日光之下，何来新事。官场沉浮，他有多少年是隐忍过来的？如今，对手一个个倒下，他不介意继续忍。

曹爽太年轻，丁谧等谋臣太急进。

小团体团结愈紧密，意味着小圈子外的大圈子对他们愈敌对。就像当年公孙渊筑城墙以御敌，但是城墙能延伸多远？城墙包裹不到的地方，都是敌人，岂不对自己形成包围之势？

司马懿成了没被小圈子的城墙圈进去的那一个大圈子的核心。

蒋济，曹魏重臣，四朝元老。在曹操时代，他是曹阿瞒的心腹谋士。曹丕时代，他出任右中郎将。曹叡时代，他出任中护军，封关内侯。曹芳继位，他出任领军将军，封昌陵亭侯，又任太尉。

此人善审军事，勤劳王室，当初弹劾毕轨，如今毕轨扶摇直上，和他很不对脾气。

此人和司马懿关系很好。

蒋济不是当过中护军么，负责的是禁军武官的任免。他是个卖官的急先锋：牙门将一千匹绢，百人队长五百匹绢……价格公道、童叟无欺。司马懿只是随口问两句，并没有深究下去。这个人不是清正廉明之士，曹操手下多的是能臣，而非行德政之才。当然，蒋济对司马懿也很感激。

如今，蒋济当然和司马懿是一伙的。两个人的段位，比起曹爽集团来，不知高出多少。

不过，司马懿现在根本就没有公开和曹爽作对争权的意思。他眯起狼一样的眼睛，在细细盘算。

曹叡刚死，孙权就蠢蠢欲动，想趁火打劫。

正始二年（241年），吴军大举出动。全琮带兵攻打芍陂，朱然、孙伦带兵攻打樊城，诸葛瑾、步骘带兵攻打柤中，三路大军齐头并进，来势汹汹。

全琮一举攻破芍陂。魏国征东将军、持节都督扬州军事的王凌带兵阻击，不敌。

朱然一路铁了心要攻陷樊城，荆州刺史胡质率本部兵马万人轻装增援，惜乎强弩之末，不能济事。樊城告急。

司马懿虽然不再有军权，但是军队里到处是他的人，更遑论荆、豫之地本来就是他的地盘，所以战情他掌握得清清楚楚。

司马懿自请领兵，曹爽不肯，说是小小战事，太傅大人不必亲自出手，置自身安危于不顾，这不仅是您个人的安危，更是我大魏的安危。

司马懿说正因为此事事关大魏安危，所以我才自请领兵。看起来东吴围困的只是小小的樊城，但是柤中有十万难民流离失所，一旦民变，江山动荡，迥非小事！

曹爽仍旧坚执不肯，因为军权不能放啊，他说："樊城坚固，吴贼不攻自破，不必兴师动众。"

司马懿表现出少有的髭须怒张："边疆有难，百姓难安，朝廷坐视不理，魏国军心何在？民心何在？大魏怎么能够千秋万代？"

曹爽哑口无言。年轻的曹爽在朝中蹦跶得欢实，却既无可用的军事人才，自己也不懂军事。

跟司马懿争权，一开始就败了。

六十多岁的司马懿重披战袍，须发苍然，扫视士兵的目光像鹰隼一样。

朝政逶迤而柔软，像阴暗的海底缠绵湿冷的水藻，直拖人向阴暗海底去，战场上才是燃烧热血的地方。这里充斥着鲜血和死亡，却亮得好像被滂沱大雨清洗后的天空。

司马懿大军出动。

樊城守军军心大振。

全琮已经撤军，诸葛瑾也无进取之志，朱然只能孤军奋战，却拼了命要打下樊城，这样回了吴国，自己老有面子了。

不过他并不想跟司马懿的铁军硬碰硬。司马懿对阵扎营，大兵团操演，一派要发起总攻的架势，朱然连夜撤军。

司马懿下令全速追击，诸葛亮死了，这世上没有令他忌惮不敢追赶的敌人。朱然果然不是诸葛亮，被司马懿追上，既无断后，亦有疑兵，被司马懿挥师一冲，死逾万人，退回江东。

诸葛瑾一直阴不阴阳不阳，如今两路大军都已经撤回，他这路孤军也立马撤了。

司马懿战无不胜。大功之下，曹爽也不得不遣使表彰，把司马懿的封邑再增加两个县，达到了四个，子弟十一人全部封侯——魏国何曾有人有过这样的殊荣？他的军神形象更加深入人心。

第四节　与曹爽没有刀光剑影的交手

　　司马懿的幕府中收进一个年轻人，说话结结巴巴的。别人问他叫什么，他就说："我叫邓艾艾艾艾艾……"其实他叫邓艾。

　　"邓艾口吃，语称艾艾。晋文王戏之曰：'卿云艾艾，定是几艾？'对曰：'凤兮凤兮，故是一凤。'"《世说新语》里的这一条目，就是司马懿的二儿子司马昭和他开的玩笑，这家伙反应挺快。

　　邓艾精通农务，在当代影视作品里，不光给他安排了精通农务，还给他安排了一段爱情大戏。这都是后人给前人的人生经历里加的芝麻盐，嚼起来有味道些，其实不是食材原味。

　　他受司马懿之命去东南一带视察，认认真真从陈县、项县一直巡视到寿春，一边看，一边想，想法在脑中逐渐成形。

　　回来后，他提出：一要开凿河渠，兴修水利；二要在淮北、淮南实行大规模的军屯。因为淮河以南还有战事，每当大军南征，粮草运输就占用一半兵力，征用民夫，百姓也不堪其扰。如今淮河以北有兵士二万人驻扎，淮河以南有兵士三万人驻扎。按照十分之二的比例轮休，就常有四万人，一边种田，一边戍守。种田产出来的粮食，除了日常兵民之用，可以有五百万斛的盈余，可以纳作军资囤粮。六七年间，淮河上游就可以积蓄三千万斛粮食，够十万军民五年的吃用。粮仓丰盈，进攻东吴难道不能无往不胜吗？

　　司马懿非常满意，即刻下令开河道、大举屯田。

　　几年时间，从京都到寿春，沿途兵屯相望，鸡犬之声相闻，好一派繁荣富庶的景象。东南每有战事，魏国大军即可乘船而下，直抵江淮。

　　这一切，都得益于邓艾之功。

魏、蜀、吴三国并立，而越到后期，魏国的国力越强，这一切也得益于邓艾之功。

司马懿捡到宝了。

孙权派遣的三路大军进攻魏国，不敌，撤退后，孙权又让诸葛恪在魏吴边境重镇宛城屯兵。

正始四年（243年）九月，司马懿领兵出征，诸葛恪弃城而走。司马懿再添胜绩，声望如日中天。

或者说，他的声望一直如日中天，从无坠过。

曹爽集团再出手段。他向皇帝上疏——其实就是向自己上疏：推举中护军夏侯玄督雍、凉二州军事。

司马懿没有任何反对意见，交接工作非常顺利。他也向皇帝上疏——其实也就是向曹爽和他自己上疏：推举长子司马师顶替夏侯玄，担任中护军一职。

两个人各自出招，互使一出。

其实这就是利益交换，曹爽沾了光，把雍、凉二州的指挥权要到了自己麾下，所以他没理由不答应。

曹爽再次上疏，请求亲自率兵，讨伐蜀国。

吃柿子要拣软的捏，蜀、吴相比，蜀国国力弱化严重。曹爽要独擅胜场，提升威望，好与司马懿抗衡。

他却忘了诸葛亮深谋远虑，对方死前就已经定好了接班人，蒋琬、费祎、姜维、王平这些老人还在，天险重重。

他也忽略了，夏侯玄虽接过指挥权，看起来是要到了兵权，但是，那里的军队是司马懿的嫡系。

司马懿在朝堂上略作反驳，便祝大将军旗开得胜。

曹爽反倒狐疑起来，有点彷徨无计，于是推举司马懿的次子司马昭为征蜀将军，随军同行。

司马懿二话不说，点头答应。

国之大计，这一点他拎得清。

至于私底下他父子两个说些什么，曹爽就不知道了。

于是曹爽亲自领兵，心腹随行，数万大军，从骆谷道进军伐蜀。

夏侯玄手下有六万兵士，蜀国汉中的守军只有三万，人数上已经不成比例；曹爽又号称大军十万，吓得蜀汉将领乱了方寸。他们提出固守待援，老将王平不同意，将三万大军分成两队，一队守黄金，一队守兴势，他亲自率军打阻击战。

与此同时，涪陵援军正昼夜兼程，费祎也从成都率军驰援汉中。

蜀军占据地利，严阵以待。

狭窄的谷道，曹爽的"十万大军"根本排布不开——他也不想分兵黄金，所以王平又把黄金的守兵调过来，协防兴势。

在曹爽的臆想中，他登高一呼，应者云集。可这些兵是司马懿带出来的。他们家司马大人在朝堂上已经亮明态度，不赞成曹爽出兵，他们何必为曹爽卖命。就算曹爽带上司马昭也不行。

大军止步兴势，原地驻扎，时日延递，后勤无法供应，牛马累毙，人夫在陡峭的山道不断丧身失命。

第五节　打仗我不行，玩政治你不行

有时候想想，下层人的性命真的如同草芥。上层争来斗去，他们不知怎么回事，只知道像蚂蚁一样，趴在一片草叶子上，在洪流里漂荡，不定什么时候就撒手沉底，变成冤魂。

蜀国方面，涪陵援军至，成都援军至。

司马昭向夏侯玄建议撤兵，免得被蜀军合围。

夏侯玄不理。

雍凉将领得了司马懿家二公子明确的信号，纷纷跑去找曹爽，要求撤兵。曹爽压制不住。

蜀军确实是准备合围，要包魏军的饺子。雍凉名将郭淮得到消息，全军拔营撤退。魏军群起效仿之，曹爽无力阻止。

就在此时，夏侯玄接到司马懿的信：

"当年武皇帝用兵如神，但他两次发兵汉中，都差点大败而归。如今兴势最险要，已经被蜀军抢先占据，如果进不获战，退路又遭断绝，全军覆没是必然的，您能担得起这个责任吗？"

夏侯玄知道司马懿是和蜀国打仗打老了的，他的话不能不听，于是也跑去找曹爽，要求撤兵。

曹爽彻底没了脾气。

夏侯玄下令，抛弃辎重，全速撤退！

蜀军怎么肯轻易放走他们？一番血战，损失大量牛马、军械、粮草，魏军方才撤回汉中。

曹爽一败涂地。

从此曹爽知道了，论战场上的奇谋妙计，他不是个儿。

好吧，这块蛋糕，他不硬往嘴里塞了。

打仗，我不行。

玩政治，你不行。

正始六年（245年）秋，曹爽下令，撤销禁军中的中垒营和中坚营。

禁军中护军是司马师，他统率着中垒营和五校营。如今，二去其一。

当然，中坚营也撤销了——这是中领军曹羲的管辖范围。

看起来曹爽是一碗水端平，但是曹羲保留了武卫营，这是禁军中最精锐的营，而武卫将军是曹爽的弟弟曹训。

司马师的五校营，人数既少，下面的五个校尉又相互掣肘，团结不到一起。

司马懿这个亏吃的，太明显了。

曹爽如今差不多算是撕破了脸皮。

正始七年（246年）正月，东吴扰边，大批魏国的难民逃到沔水北岸。

司马懿上疏，建议不要驱赶难民，就让他们暂留北岸好了，不要赶回去给东吴的人杀。战争年代，人力永远是宝贵的。

凡是敌人赞成的我一定要反对，曹爽已经走火入魔，力主把难民哪儿来的赶回哪儿去，让他们还给我回到沔水南岸。

于是司马懿妥协了。反正他这辈子妥协的次数多了，不在乎这一回半回的。

连他自己都没有察觉到，他变了。当初他可是为了救曹叡，可以夜半闯宫，干预曹丕家事的，一切为了大魏着想。如今，他不是不为大魏着想，但是，他不顶风而上，不触霉头，自保第一。

难民哀鸿遍野，哭声一片，重新被凶神恶煞的魏兵赶回了刀兵铮铮、收割人命的沔南。

孙权增兵，掳走了这上万的难民。

难民如牛羊，他们的生死际遇谁也不会多管。百姓苦于兴，百姓苦于亡，流离人不如太平鸡犬。

而无论司马懿多么退让，曹爽都已经磨刀霍霍，杀到面前。权力的游戏，永远引人入胜，中有小口，仿佛若有光。只是那里的桃花源，鲜血沃野，白骨遍地。

正始八年（247年）四月，丁谧献计曹爽，迁郭太后回永宁宫。

郭太后是魏明帝曹叡的皇后，齐王曹芳尊她为皇太后。

皇太后按例应居永宁宫，但是因为皇帝年幼，不能理政，所以郭太后垂帘听政。为方便起见，和曹芳一起住在皇帝的寝宫。

不是所有的女人都对权力有强烈的渴望，郭太后虽然垂帘听政，但并不把持朝政。即便如此，依然被丁谧盯上了，因为郭太后和司马懿关系不错，她的两个侄子和司马懿的儿子也关系不错。丁谧担心司马懿会走后宫内线，压制曹爽。且皇帝日长日大，八年过去，皇帝已经成年，和太后关系甚笃，太后说什么就是什么，自然会待司马懿不薄。

所以，丁谧建议把太后迁回永宁宫，不许太后再干政。

曹爽同意了，上疏皇帝——也就是上疏给他自己。

郭太后和曹芳告别时相对而哭。

司马懿想到了曹爽让郭太后迁宫的缘由，多年的政治斗争，犬牙交错，老家伙能存活至今，智商必是极高的。

郭太后迁宫不是大事，但是，他好像看见了从门帘缝里射进来的一点刀尖的寒光。

老年司马懿浑身汗毛直竖，神经绷紧。

第六节　各抹一把英雄汗

被逼到墙角的老虎，吃人是不吐骨头的。本来就不是善类，敢屠城的主，再怎么装温良，骨子里也是豺狼。

司马懿决定装病。

张春华死了。这个司马懿背后的女人被后人演绎成司马懿的欢喜冤家，情深一往，事实谁也不知道。如今，她死了，还被无微不至的司马懿利用：夫人病逝，自己哀痛难申，抑郁成病，请求致仕告老。

司马懿两腿沉重，目光呆滞，面容哀戚，一步一歇，颤颤巍巍，走上朝堂，跪在皇帝面前——装病他又不是头一回，装傻他也不是头一回。

皇帝曹芳十分关切，大将军曹爽掩饰不了喜悦。司马懿行将就木，无知无觉。

曹爽顺水推舟，司马懿光荣退休。

两个人暗自背过身去，各抹一把英雄汗。

这八九年，你防我，我防你，你兵来，我将挡，都好累。尤其司马懿，快七十岁了。他熬死了诸葛亮，熬死了曹丕，送走了曹叡，也送走了老妻。

躺在炕上，安安稳稳，耳边风声雨声，天地宁贴。再也不用应对朝堂上看不见的刀光剑影，即使钝感如他，也感觉到了久违的愉快。他睡着了，梦里看着老妻模糊的笑脸，他也笑了起来。

揣度司马懿的心理，此时他或许只不过想平安落地，在太傅位上退休，颐养天年。但若说他此时诈病，寻机翻盘，也说得通。

无论哪种意图，把手中偌大的权力交出去，向一个黄口小儿的后辈认怂，一般人绝对忍不下这口气，活活气死都有可能。有一个新闻，公交车上一个青年没有给一个老人让座，老人很生气，大骂青年。骂着骂着，一头栽倒。这可真是活活气死的。但是司马懿就能忍。当时，他已经六十八岁。

曹芳派了最好的御医给司马懿瞧病。

司马懿本来没病。

但是，躺在病床上，眼神啊，表情啊，姿势啊，语言啊，甚至是面色啊……看在御医眼里，就是形如槁木，眼珠间或一轮。

御医回去向皇帝禀告，说太傅在延挨时日。

曹芳一阵悲戚：这下子曹爽开心了。小皇帝久居宫廷，什么事不知？如今一人独大，满朝上下，全都是他曹爽的人。

曹爽未见得没有怀疑司马懿装病，但是也不知道是他过于自恃还是粗心大意，竟没有派人刺探司马懿是真病假病——当初曹操可是派人刺探过的。

也或者是刺探过，但是刺探的人回报说，司马懿是真病了——当初司马懿一装就是七年，如今故技重施，又加上垂垂老矣，而且不装也快死了，内因外因一起作用，他必定是更会装了！

所以他一气在病床上躺了两年多：从正始八年（247 年）开始，到嘉平元年（249 年）结束。

如有需要，他还会再装下去。

曹爽麾下的谋士也不是吃干饭的。曹爽的谋士李胜，借着要去荆州上任之机，来向司马太傅辞行。

看司马懿是如何做戏的吧。

李胜来到司马懿府上，说明来意。司马懿本来在家里待得好好的，一听李胜来了，马上就明白了他的意图，于是就把头戴的冠去掉，把头发披散开，上了床，拥被而坐，又让两个婢女左右搀扶着，这才命人请进李胜。

李胜进来吓一跳：司马懿怎么老成这德性了！人瘦了，背弯了，眼睛无神了，气喘吁吁的，好像随时一口气都会上不来。他到床前拜倒："一向不见太傅，谁想如此病重。今天子命某为荆州刺史，特来拜辞。"

司马懿跟李胜打岔："并州近朔方，好为之备。"

胜曰："除荆州刺史，非并州也。"

司马懿再打岔："你方从并州来？"

李胜说："汉上荆州耳。"

司马懿继续打岔："哦，原来你是从荆州来！"

李胜瞠目结舌："太傅怎么病成这样了？"

左右的人回答："太傅耳朵聋了。"

李胜把"荆州"写在纸上给司马懿看，司马懿笑着说："我病得耳朵聋了。此去保重。"

说完，司马懿以手指口，意思是要喝汤。侍婢端上汤来，司马懿也不接，用嘴直接喝，淋淋漓漓洒了一身，一边喝着就哽哽噎噎地哭了："我老啦，很快就死啦。两个儿子都不行，希望您能多教导他们。您见了曹大将军，请替我美言，千万替我好好对待我那两个儿子！"说完倒在床上，气喘声声。

李胜回去向曹爽汇报司马懿的衰状："太傅患不可复济，令人怆然。"他还挺同情司马懿。

曹爽大喜："这个老头儿如果死了，我就高枕无忧了！"

第十二章

暴　起

第一节　曹爽就是个纸老虎

人活世上，多多少少都有些顾忌与忧虑。心性如烈马，没有缰绳拢着，纵步腾云、马踏飞燕的事，也不是不可能。

一时之间，曹爽兄弟赫赫扬扬，只手蔽天，亭午暗阡陌。

《三国演义》里讲：

> 爽每日与何晏等饮酒作乐：凡用衣服器皿，与朝廷无异；各处进贡玩好珍奇之物，先取上等者入己，然后进宫，佳人美女，充满府院。黄门张当，谄事曹爽，私选先帝侍妾七八人，送入府中；爽又选善歌舞良家子女三四十人，为家乐。又建重楼画阁，造金银器皿，用巧匠数百人，昼夜工作。

大权在握的感觉，真爽。

权力没有了规则制约，又没有对手监督，等于山上跑下一头饿虎，处于食物链顶端，可以大杀四方。大吃大喝也就罢了，香车宝马也还凑合，姬妾成群也能接受，可是，他竟然睡先帝曹叡的侍妾，还睡七八个，这就过分了。

偷了皇宫的人，又拿了皇宫武库的武器、皇宫乐库的乐器，只恨自己没有住进皇宫当皇帝。

就像渔夫和金鱼的故事里那个渔夫的贪婪的老婆，得到的越多，越不满足，如同喉里咽下的是火油，缓解不了心理上的饥渴。

就像弹簧，被压制得越狠，反弹愈厉害。更何况何晏、邓飏、丁谧、李胜、毕轨这些人，又哪里是能够低调行事的人呢？

就说何晏吧，他先被授任散骑侍郎；不久，曹爽大费周折让任吏部尚书的卢毓去做了尚书仆射，空缺的吏部尚书位置就给了何晏。而且何晏还有一个驸马身份，所以又被赐爵列侯。凡巴结迎合他的，都升官进职；凡违抗他的话语的人，都罢黜斥退。他把握着官员任免升迁大权，满朝文武，谁不看他的脸色。

他又割洛阳和野王典农的数百顷桑田和汤沐地作为自己的产业，并窃取官物，还向其他州郡要求索取，官员都不敢抗逆。好比卢毓，他后来担任了廷尉——所谓三公九卿，廷尉是九卿之一。何晏因为卢毓下属的一点小过失，收缴了卢毓的官印，然后才上奏皇帝曹芳。

这样先斩后奏的行为，逼得魏国的史官都气不过，在史书上添了一笔："此人作威作福如此！"

有一个叫傅嘏的人，这样评价说："何平叔言远而情近，好辩而无诚，所谓利口覆邦国之人也。"

说白了，就是凭着一张利口，干尽毁人利己的坏事，颠倒邦国，非他而谁？

曹爽身边的人，大体上都是这样的人。

正始九年（248年）十二月二十八日，何晏宴请神算管辂，当时邓飏也在何晏家做客。何晏请管辂替他算命，看官位会不会做到三公，又请管辂为他解梦：

"近日连续几次梦见十几只苍蝇落在鼻子上，怎么挥赶都不肯飞，这是什么征候？"

管辂说话很直：

"您掌握重权，身居高位，势如雷电，但真正能感念您德行的很少，很多人是惧怕您，除非您小心谨慎，多行仁义。位高之人，跌得也狠。所以，不要做损人利己的事，不得到众人爱戴，也不要为非作歹，否则必招致败亡。如果能够行仁德，就能位至三公，而青蝇驱散。"

回到家，管辂把自己说过的话告诉给舅舅，舅舅责怪他说话太直。管辂说："和死人说话，有什么可怕的呢？"

结果，确实没什么可怕的。

一只纸老虎罢了。

好几只纸老虎罢了。

曹爽也不过是一只大些的纸老虎罢了。

金乡公主曹氏是曹操和杜夫人的女儿，嫁给曹操的养子何晏。她对自己丈夫的所作所为很担忧，怕他将来不能保身，跟自己的婆婆诉苦，何晏的母亲却说："汝得无妒晏邪？"金乡公主不说话了。

再没有人说话了。再没有人说他们不爱听的话了。

诤友是干什么的？诤是一个好词，惜乎无人敢诤了。

第二节　无边落木萧萧下，风刀霜剑滚滚来

虽然身处同一阵营，但是，他们内部也不是铁板一块。

当时，黄门侍郎的位置空缺，何晏选拔了贾充、裴秀、朱整等人，还打算起用自己的好友王弼。他们是学术好友，王弼是魏晋时期的天才少年、玄学的奠基人，有自己的博大精深的思想体系。何晏深知其能。

丁谧却想用一个叫王黎的熟人，而且直接求的曹爽，曹爽一口答应。

于是何晏和丁谧之间有了闲隙。

丁谧情商极低，不独与何晏有隙，和别人也都有隙。和同事尚且如此，对待下属不可能有什么手腕，于是和下属也离心。

曹爽自己，包括他的谋士团，对外作威作福，在内狗咬狗一嘴毛，如风乍起，吹起一池春水，没一刻太平。

曹爽的长史应璩，写了一百零一首诗歌，合称《百一诗》，来讽刺曹爽的所作所为。曹爽没治他的罪，可也没拿他的诗当回事。

他还是一股脑儿地瞎折腾。

司马懿退了，中书令孙资、中书监刘放、司徒卫臻、司空徐邈……全都是元老重臣，也纷纷请辞。曹爽一律允准。

退下来的老臣们，感怀旧事，纷纷来探望司马懿。他们纵论时事，司马懿只是听。

"智囊"桓范忧心忡忡。

他是老树。曹爽网罗的这一帮年轻人是新花。老树和新花互相不对脾气，他也不愿意给人笑话说自己趋炎附势，巴结比自己年轻的人。他也看不上他们。

但是他尊重曹爽，因为曹爽对他登门造访，礼敬有加。士为知己者死，他还持着这个老理儿。

曹爽好出游，经常带三个弟弟到洛阳郊外游猎。

桓范告诫他，您是大将军，您的几个弟弟掌管禁军，你们不能一起出洛阳，否则若是有人在城内造反，无人可为内应。

曹爽不以为然：谁敢？

桓范说：司马太傅就敢。

曹爽从此真的不再兄弟四人同时外出。

司马懿纵然真有什么想法，也没了辙。

他一无人脉，他的人脉纷纷辞了职，不干了；二无兵权，宫廷禁军和京师兵权都掌握在曹爽兄弟手中。

他眼下只有一个武器可用：忍。

好在这把兵器他已经运用得神乎其神。

这天，司马懿家来了一个客人，他叫孙礼。

这个人颇有些来头。

孙礼早年被曹操征为司空军谋掾，历任外官之后，入朝任尚书一职。

魏明帝曹叡刚开始修建宫殿时，节气不调和，全国粮食歉收。孙礼力争免除百姓的劳役。

曹叡在大石山狩猎，有一只虎跑到他的车子旁，孙礼扔鞭下马，要挥剑斩虎。魏明帝立即下令孙礼重新上马，以免有失。

曹叡临死，任命曹爽为大将军，让曹爽在病床边接受遗诏，任命孙礼为大将军长史，加授散骑常侍，以辅佐曹爽。

曹爽不待见孙礼，嫌他管自己，就让孙礼改任扬州刺史，加授伏波将军，赐给关内侯的爵位。

东吴大将全琮率领几万军队侵犯骚扰，孙礼亲自率领卫兵抵御，冲锋陷阵，奋不顾身，直至敌人退兵。皇帝赐绢七百匹，孙礼为死难将士集众举哀，把绢全部分给战死将士的家人，没有给自己留一点。

孙礼被征召任命为少府，出任荆州刺史，转任冀州牧。任上惹怒曹爽，曹爽劾奏孙礼怨谤重臣之罪，结果令孙礼受结刑五年，一直闲置家中。

很多人为孙礼进言求情，朝廷又任孙礼为城门校尉。

匈奴王刘靖势力渐强，鲜卑族又屡犯边境，朝廷又遣孙礼为并州刺史，加振武将军，持节，并封为护匈奴中郎将。他去向司马懿辞行，在老太傅面前痛诉曹爽。

司马懿光听，不说话。半晌，才问："是不是你嫌弃并州刺史的官位太小了？"

孙礼大怒："您怎么说这样的话！我虽然无德，也不会在意官位和与曹爽的陈年旧怨。我本来以为明公你能仿效伊尹、吕望，好好匡辅魏室，既报答明帝的托付，又可建立自己的万世功勋。如今社稷不稳，天下纷乱，这才是我郁闷的原因！"

司马懿又是半晌才说了一句话："忍，忍不可忍。"

孙礼点头，不再多说，起身赴任。

忍字心上一把刀，遇事不忍把祸招。

若能忍住心头怒，事后方知"忍"字高。

世人叨念着这首"忍"字诗，却少有人能把忍功发挥到十足。世上最能忍的人，一个是阮籍，一个就是司马懿。阮籍一生口不臧否人物，看人却用青白眼。司马懿如今老成了精，根本就是口不臧否人物，看人也不用青白眼，一律青眼！

看曹爽也是青眼！

看曹爽的爪牙也是青眼！

慈眉善目，装傻充愣，人畜无害。

真的无害吗？他的心里正无边落木萧萧下，风刀霜剑滚滚来。

第三节　船行黑水

曹爽等人人望、根基尽毁，但是他们手里牢牢地握着兵权。

司马懿就算有什么想法和计划，决定因素也是要有能指挥得动的武装力量。

司马懿长年"卧病"在床，赤手空拳。但是大儿子司马师在他的授意下，早偷偷募集死士三千。这些人平时藏身洛阳民居，关键时刻，一声号令，迅速集结。

这是司马懿从一开始卧床便开始谋划的事。好可怕。

正始九年（248年），除夕，司马师告诉司马懿：正月初六，少帝曹芳要祭拜高平陵。曹爽、曹羲、曹训兄弟三人伴驾，一同出行。

轰的一声，烟花炸响，司马懿心头狂喜，甚至冲击得他有些发晕。他翻身坐起："当真？"

"当真。"

"你确定？"

"确定。"

两年多过去了，司马懿胡须猥集的脸上，神色不动，眼神却如一道凛然寒光，倏地掠过。

他周身寒毛都乍开了。大战在即，久未经沙场的老头子浑身的血都沸腾。

"把你弟弟叫来。"

在桓范跟曹爽提建议，让他们兄弟分散行动之前，司马懿有的是机会把他们堵在城外，但是那时兵力尚不具备。

及至兵力具备，曹爽兄弟又不再一起出城。

如今曹爽觉得对于这个死老头子大可不必过虑，于是放心大胆，为所欲为——"为所欲为"绝对不是一个好词。

人的行为是要有限制的，若是一切欲望都可得到满足，他就会变得癫狂悖谬而不自知。所幸曹爽虽狂乱，但是他本性不是喜爱杀戮的人，否则将会出现第二个董卓，杀人无数，血流成河。

世界沉浸在新桃换旧符的喜悦里，司马家的房门却紧闭。司马懿、司马师、司马昭三父子密谋大计。

司马师一直是暗中行事，一方面是基于老父亲的嘱咐，一方面也是爱护幼弟，还要最大限度地保密。司马昭乍听之下，目瞪口呆。

极短的时间内，他就调整了脸上的表情。无论怎样，他一定会和家人站在一起，这是血缘上天然的联系。而且他对于曹爽等人，也实在待见不起来。

行动如何开始，怎么进行，谁来指挥，万一出了意外怎么应对，一切的一切，都要考虑进去。步子一旦迈开，就停不住了，司马家族是生是死，在此一举。

这天夜里，曹爽梦见两只老虎，嘴里衔着雷公，跑进院子把雷公放下来。醒来后曹爽找人解梦，灵台丞马训说这意味着要动刀兵。至于怎么个动刀兵法，马训自己不知道，曹爽也想不明白。

司马老头儿马上要死了，司马家两个儿子安分守己，他们手中无权无兵，怎么会对自己动刀兵？

最有可能跟自己动刀兵的人都不可能动刀兵，别人又怎么可能跟自己动刀兵？

想明白了这一点，他哑然失笑：不过一个荒唐乱梦而已。

他却不知道，马训回去告诉妻子，十日之内，曹爽会死。

同一日，安定郡的名医皇甫谧梦见自己来到洛阳，看到一个车队前往太庙，为首一人高喊："诛大将军曹爽！"

曹爽一无所知。

正月初一，元日。爆竹，桃符。皇帝受百官朝贺，百官受皇上赏赐。

司马师、司马昭都在朝贺颂圣之列。

曹爽、邓飏一干人神清气爽，何晏面如敷粉眼含笑，一派风流雅致模样。

司马太傅府门庭若市，司马兄弟迎来送往。

正月初五，夜。

司马师呼呼大睡，司马昭辗转反侧。

司马懿华发苍颜，静待天明。

室外寒风呼啸，室内一灯如豆。司马懿心中动荡，如船行黑水。他是艄公，船上载着他无限重爱的两个儿子。

角落里轻微的咔嚓声传来，他猛然回头，狼一样的眼神像道电光，仿佛能刺破黑暗。细听之下，原来是墙角的耗子。

他失笑，甩甩头，似乎是要把纷乱的念头赶出脑海。不能想了，事已至此。

第四节　司马懿一跃而起的威力

人生，秋凉，生生死死，不完不结的"事已至此"，只有它一个劲儿地开始，没有结尾。

正月初六。

曹爽清晨入宫，觐见天子，和兄弟们带兵，浩浩荡荡，护卫天子车驾出城。

接到密报，司马懿说："走。"高大的身板挺得直直的，一身戎装，率先走了出去。

司马师和司马昭紧随其后。

院内是聚集的三千精干武士，像三千把沉默而坚定的刀，毫无条件地执行一切命令。

出了大门，父子分头行事。司马师带一股人马驻守宫城大门。司马昭带一股人马前往永宁宫。司马懿带一股人马冲入皇宫。

魏国群臣被召入皇宫，看到的是顶盔掼甲、手按利剑、白发苍苍的老太傅，他目光锐利阴沉："曹爽兄弟意图篡夺帝位，司马不才，希望百官与我力挽狂澜。"

大殿一片死寂。

太尉蒋济打破沉默："匡扶社稷，驱除奸佞，下官唯太傅马首是瞻。"

尚书令司马孚出列："匡扶社稷，驱除奸佞，下官唯太傅马首是瞻。"

应者响声一片。

郭太后很慌。司马昭带人包围了永宁宫，挟太后以令群臣，她不知道他意欲何为。司马懿带着群臣匆匆赶到，把前话诉说一遍，群臣纷纷诉说曹爽大逆不道，理应铲除，特来请求太后下懿旨，铲除奸佞。郭太后本来就和司马懿关系不错，如今也便顺水推舟，请司马懿带人查处曹爽等一干佞臣。

司马懿谋篇布局两年多，一上午时间大局得定。

司马懿派高柔代理大将军，接管曹爽留在京城的兵马；派桓范代理中领军，接管曹羲留在京城的兵马。

高柔是建安时代留下的老臣，执掌刑狱二十多年，铁面无私又识人至微。司马懿克己隐忍，甚得他的尊重与爱戴。司马懿对高柔说："你就是周勃了。"

周勃当年平定吕后之乱，以安汉室，如今，高柔助司马懿平曹爽之乱，以安魏室。

高柔领命，匆匆而去。

桓范却没有遵令前来，司马懿只好命令王观代理中领军。王观曾深受曹爽排挤，此时欣然受命。

军营霎时改旗易帜。

三千死士行色匆匆，脸色肃穆，司马家倾巢出动，老太傅据说已经卧床不起，如今却满身甲胄——那是乱世，洛阳居民不傻，猜也能猜得出来要变天、要出事。

曹家的仆人看到如此异状，听到洛阳百姓议论纷纷，连滚带爬去禀告曹爽的妻子刘夫人。

刘夫人大惊，好比头顶倒下一盆雪水。她找来侍卫长，问怎么办，忠诚的侍卫长扛起一把重弩，登上高大的门楼。

居高临下，屏息凝神，他的视野里出现顶盔掼甲的司马老贼。

侍卫长的手指无声无息地搭上弩机。

旁边一只手伸过来，原来是他的一个部下："这场变乱，胜负未知，还须慎重行事。"

侍卫长一把把他的手甩开，又把手指搭上弩机。

部下急了，又一把把他的手拉开，两个人扭在一起，激烈而无声地争执起来。

侍卫长占了上风，用目光狠狠地逼退了部下，手指再次搭上弩机，可是，视野里再也没有司马懿的影子。

他错失了良机。

一声叹息。

项羽和刘邦争天下，鸿门宴上一时心软，未杀刘邦，被刘邦反噬，自刎乌江，好歹项羽还留下楚霸王的威名，而这个下决心杀司马懿的人，本来也可以改变历史，却也错失良机，而且连名字也不为人知。

谁说历史是必然的？多少偶然凑在一起，从历史的瓜藤上结出了现实的果子。

司马懿一生谨慎，此次是他最大的冒险。一旦失败，整个司马家族将血流成河。

而且，他的胜算不超三成，因为曹爽可以用曹操那一招挟天子以令诸侯。太后懿旨敌不过皇帝诏书，万一他真的挟天子，号召天下兵马勤王讨逆，区区禁军和死士，抵不过整个大魏的兵力。

其实，自从司马懿抱病卧床，堪堪待死，曹爽并不曾亏待了司马氏。他的两个儿子照常入朝为官，他自己也照常享他的太傅尊荣。他满可以一直享用到死，司马家的后代们也可以一直享用下去，并无性命之忧。

司马懿为什么要搞这么一出？而且为了搞这么一出，忍人之所不能忍，行人之所不能行。

201

只能说，司马懿殆非善类。要么就是他对曹爽对他的压制和排挤心里恨得长出牙齿，要么就是他怀里揣着更阴暗深邃、不得见人的东西。

第五节　试将恩义偿知己

司马懿刚刚命悬一线，不过他一无所知。

他要去攻占曹爽部下把守的武库，夺取精兵甲胄。

武库轻而易举就归了他。

然后，他开始给皇帝写奏折：

> 我过去从辽东回来时，先帝诏令陛下、秦王和我到御床跟前，拉着我的手臂，深为后事忧虑。我说道："太祖、高祖也曾把后事嘱托给我，这是陛下您亲眼见到的，没有什么可忧虑烦恼的。万一发生什么不如意的事，我当誓死执行您的诏令。"
>
> 如今大将军曹爽，背弃先帝的遗命，败坏国家的制度；在朝内则超越本分自比君主，在外部则专横跋扈独揽大权；破坏各个军营的编制，完全把持了禁卫部队；各种重要官职，都安置他的亲信担任；皇宫的值宿卫士，也都换上了他自己的人；这些人相互勾结盘踞在一起，恣意妄为日甚一日。
>
> 曹爽又派宦官黄门张当担任都监，侦察陛下的情况，挑拨离间陛下和太后二宫的关系，伤害骨肉之情，天下动荡不安，人人心怀畏惧。
>
> 这种形势下，陛下也只是暂时寄居天子之位，岂能长治久安。这绝不是先帝诏令陛下和我到御床前谈话的本意。
>
> 我虽老朽不堪，怎敢忘记以前说的话？太尉蒋济等人也都认为曹爽有篡夺君位之心，他们兄弟不宜掌管部队担任皇家侍卫，我把这些意见上奏皇太后，皇太后命令我按照奏章所言施行。

我已擅自做主告诫主管人及黄门令说："免去曹爽、曹羲、曹训的官职兵权，以侯爵的身份退职归家，不得逗留而延滞陛下车驾，如敢于延滞车驾，就以军法处置。"我还擅自做主勉力支撑病体率兵驻扎在洛水浮桥，侦察非常情况。

　　奏章到不了皇帝的手里，就会先被曹爽看到。但是，做戏一定要做全套，哪怕是个傀儡皇帝，理论上讲，也是需要效忠的。

　　拿着奏章，曹爽没想到七十多岁的司马懿能够骤然发难，惶急不知所措，把小皇帝曹芳的车驾留宿于伊水之南，开始伐木构筑防卫工事，并且调来了数千名屯田兵士为护卫。

　　双方形势，如今尚且暧昧难明。

　　司马懿手中的王牌是太后，曹爽手中的王牌是皇帝。

　　司马懿手中的兵力是京城禁军与死士三千；曹爽手中的兵力从理论上讲，是整个大魏军队。

　　看起来司马懿处于弱势，但是，司马懿拥有全国官民仰望的声誉；曹爽的人望在低谷。

　　这不但是司马懿与曹爽的生死对决，也是许多人必须做出抉择的时刻。跟对人，活；站错队，死。

　　桓范偷偷地、坚决地离开洛阳，投奔曹爽。司马懿的部下报说，桓范诈称得到旨意，守门将士不敢阻拦。

　　司马懿有点蒙。

　　他没有看出来桓范是曹爽的人便罢了，满朝文武，谁也没有看出来桓范和曹爽有多亲，这个桓范是多能装啊！

　　如今，建安时代的顶级谋士只余蒋济与桓范，司马懿还想着全部收入囊中，如今却分道扬镳，一个归了自己，一个归了敌人。

　　大约桓范以为跟着自己没前途？还是桓范有毒计要献与曹爽，把自己立斩当场？这个也到了古稀之年的老头子，到底是要闹哪样？

　　从桓范身上，司马懿也依稀看到一种叫作风骨的东西，也看见了奇谋秘计横行的当年。

如今自己在漫长的装病之后，突然暴起伤人，也不过是和小年轻打斗的小儿科，司马懿竟然感到一阵寂寥。

当年的英雄场景无法复制，唯一能够和自己抗衡的，恐怕也只有这个桓范了，这还得要看曹爽是否够劲。

若是曹爽够劲，好吧，自己拼着一身老骨头，再重演当年的一出龙虎斗。司马懿短暂地惊慌失措后，又是一阵热血沸腾，强烈的战意充溢全身。

蒋济也知道了桓范的事情，叹一句："智囊去了。"

司马懿笑笑："智囊须有会用他的人，曹爽不行。驽马恋栈豆，必不能用。"

他是把用人看透了的老狐狸，最明白一句话叫"良臣择主而侍，良禽择木而栖"。刘备善用人，所以虽然这个大耳贼文不甚行，武也不甚行，但是手下良工良将济济如过江之鲫。诸葛亮如此倾世之才，亦奉他为主，鞠躬尽瘁，死而后已。

而曹爽，论武功不及曹操，论智谋不及曹操，论阴刻不及曹丕，论用人连曹叡都不敌。司马懿，论武功、智谋、阴刻、用人，哪怕样样都不是顶级，但是，甩曹爽十条八条街都绰绰有余。

跟着司马懿有肉吃。蒋济明白这个道理，桓范未必就不明白，这个耿介老臣，只不过是因为曹爽一向对自己礼待，所以存了一个士为知己者死的意思。他不是进行赌博，他是偿恩义。

第六节　狼对手，猪队友

司马懿搞政变的终极目的是什么？

为了大魏社稷着想，不想让曹爽把曹家天下搞乱？这个也不是没有可能。毕竟司马懿一步步走到今天，在曹操那里虽不得重用，可他那时候是个小年轻，曹操手下能人太多，他也没什么资格得重用；在曹丕、曹叡、曹芳这里，可是都得厚遇。做人要知恩图报，他出身世族之家，不会不懂。

哪里有压迫哪里就有反抗。封建权力是毒，是瘾。长久大权在握的人，若是被夺了权，那就生不如死。既然不肯死，怎么办？那就把权力重新夺回来。

或者，是为了将来司马氏坐天下张本？我觉得这个有点不大可能。从一开始到现在，司马懿都没有要夺了皇位自己来坐或者让儿孙们来坐的意思。

这个人说能耐，在三国风云里不算顶有能耐，顶多是二流人物；说心志，在三国风云里也没有太大的雄心壮志，也顶多算是个二流人才。他没有造反的心思，但是，在本来能够自保、安然而终的时候，演了这么一出戏。不得不说，这也是个爱作的人。

或者，从人格上来讲，虽然他善忍、能忍，可以一忍再忍，但是，他绝对是一个进攻型的人。打不过的时候，他会忍，但是忍不等于退，退不等于避；在有机会打得过的时候，他绝对会对对方饱以老拳，殴击致死。

无论出于什么目的，古稀之年搞政变，这绝对是一个能忍的狠人。

如今，狠人遇到了他这辈子最后一个，也是最大的一个危机。

这个危机是桓范给他的。

桓范骑马直奔平昌门。他于平昌门的守门将官司蕃有恩，当年他提拔了这个司蕃，司蕃年年给他拜年，视他为师。

全城戒严之际，司蕃眼见老头子桓范纵马而来，口称奉圣旨出城，司蕃要看皇上的诏书何在，桓范大怒："卿非我故吏邪，何以敢尔？"

司蕃无奈，下令开门。

桓范纵马出城，还不忘回头："太傅图逆，卿从我去。"

司蕃听到"图逆"这两个字，觉得事态严重，便也出城，只是步行跟不上桓范的快马，"蕃徒行不能及，遂避侧"。这个家伙开始躲在一边，作壁上观。

桓范一口气跑到高平陵，曹爽兄弟如见救星，围着他要主意。

桓范叠着指头，说出一句话来："以天子诣许昌，征四方以自辅。"

就是说，裹挟天子逃到许昌，然后征集四面八方的力量来辅佐自己，讨伐司马懿。

曹爽目瞪口呆。

由此可见人之气质。

当初曹操挟天子以令诸侯，那是何等的胆大妄为，何等的张扬跋扈，曹爽却是被雷惊了的蛤蟆，被鬼吓傻的孩子。

桓范霎时有些自我怀疑：这样的人，自己投奔他来，有用吗？

但是，已经没有退路了。桓范只好耐下性子分析：

"司马懿虽是阴蓄私兵，但是，他敢作乱，还是倚靠的太后懿旨，否则名不正言不顺。而皇上和太后相比，自然是天子的圣旨最有力量，我们要好好利用皇上的力量，打一场漂亮的翻身仗。"

曹爽仍旧犹疑不定。

他怕跟司马懿硬碰硬。

之所以怕，是因为有牵挂。

司马懿赌上整个家族的身家性命跟他玩儿，他却没这勇气，赌上自己全部的身家性命。田地珍宝、姬妾美人、房屋产业、官职爵位、身家性命，像一道道绳索，牵着他，拉着他。

不愧是兄弟，曹羲和曹爽一样，哪怕被桓范逼问到了脸上："事昭然，卿用读书何为邪！于今日卿等门户倒矣！"

两兄弟呆呆地站着，如泥塑木雕。

桓范仍旧不肯死心："你们别怕，虽然看起来我们现在孤立无援，但是，半天时间就能到许昌，在那里招募军队没有问题。至于粮草，我已经把大司马的印绶带了出来，调集粮食也完全没问题。"

曹爽仍旧傻呆呆地站着。

桓范急了，一把扯住大将军的衣袖："大将军，你说话啊！"

结果他说话还不如不说话，一说就把桓范气了个倒仰："要不这样吧，我们先派人探探司马懿的口风，看他是不是要赶尽杀绝。看他的态度，再做决定。"

桓范一听：完了。

狼对手，猪队友。

第十三章

情非得已起杀心

第一节　一个能忍的狠人

司马懿严阵以待，脑子里不停地盘算着曹爽可能的反应，预演着不同的应对策略。这时候，曹爽派出的使者侍中许允、尚书陈泰到了。

议和。

司马懿长出一口气。

司马懿胡须猥集的脸上，寒冰一般："长久以来，曹爽任大将军一职，上欺帝王，下欺百姓，淫乐无度，罔顾法纪。像这样的人，怎么守护我大魏宗室？所以……"他本来背对桌案而立，此时缓缓回头，眼神扫了过去，许允、陈泰想起市井流传久远的司马太傅"鹰视狼顾"的说法，吓得一哆嗦。

许允、陈泰心都提到嗓子眼，只听司马懿说道："他这个大将军一定不能做了，让他当一个普通百姓，守着他的财产，过他的安稳日子，以后不再兴风作浪，就够了。"

这话说的，语气好像和曹爽有深仇大恨，却是这么一个结果。

许允、陈泰匆忙行了礼出去，司马懿嘴角挂起一个阴阴的笑。

使者前脚走，蒋济就来了。

他是来劝说司马懿的。

知道司马懿是个狠人，他不愿意洛阳血流成河，而且又和曹爽的父亲曹真交情不错，所以劝司马懿此事点到为止。只要曹爽肯回来，就解除曹爽兄弟的官位，保他们的爵位富贵。

司马懿答应了。

蒋济高高兴兴地提笔给曹爽写信。

他比司马懿只小几岁，也是四朝老臣，又是和司马懿共同筹划密谋此事，所以，他想：太傅会给自己面子的。

曹爽听了许允、陈泰的汇报，长出一口气：只免官，不杀头，好，好。

紧接着，又收到蒋济的信，曹爽更一身轻松：无非是罢官而已，又不是丧身失命，没必要玩命了。

如果说蒋济的信还是私人信件，那么，接下来，司马懿派使者带着正式公文的到来，使得曹爽彻底放下心来。

使者是殿中校尉尹大目，平时深得曹爽信任，他此次来，好比司马懿亲自到来，亲口允诺：只罢官，不伤命。

曹爽嘴角快咧到耳朵根了。

他的三个兄弟曹羲、曹训、曹彦也一起高兴——都是养尊处优的公子哥儿，何曾真的和人打过生死悬于一线的仗。

桓范如五雷轰顶。

老头子反复哭劝，怎奈曹爽的态度犹如虽然被人抢走了油条，却塞给一个大馒馒："司马公正当欲夺吾权耳。吾得以侯还第，不失为富家翁。"

桓范大哭："你父亲曹真是个大英雄，生下你们兄弟，跟猪牛一样蠢。没想到今天因为你们的缘故，我要遭灭族之祸。"

曹爽才不管他哩。不死贫道就行，道友死不死与我何干。

那么，平时团结在他周围的人，也不会与他有干。

严冬天气，年幼的天子连惊带吓。洛阳城门已关，无处可去，司马懿特地命弟弟司马孚送去了食物和帐篷，天子和官兵，人人有份。

太傅仁德，曹爽彻底放心。

正始十年（249 年）正月初七，曹爽投降。

在争取曹爽的斗争中，桓范输了，司马懿赢了。

在曹爽和司马懿的斗争中，曹爽输了，司马懿赢了。

出城来意气洋洋，回城时萧疏落寞。出城时怒马轻裘，回城时耷拉尾巴。出城时天下我有，回城时只求一命不丢。

曹爽这个名字，大约是想舒爽一辈子，可是人一生有多少日子能够意气飞扬。李白"仰天大笑出门去，我辈岂是蓬蒿人"，可是出了门，做了官，也一样受排挤、生闷气。人活着还是要多收少放，否则会被命运剪掉枝叶，甚至连根拔去。董卓当初多么横蛮，多么霸气，最终落个身死灯灭，点天灯，膏油满地。曹爽，舒爽太过了！

司马懿一生最可自傲的，是一个"忍"字；最足吓人的，是一个"狠"字。曹爽原本就和他不在一个水平上，一眼看到底，玩起来都没有多大意思。

但是，对于比自己智力、勇武都逊色这么多的小对手，司马懿也是丝毫不敢懈怠。他和东吴打过仗，和蜀汉打过仗，老一辈人的战例耳熟能详。所以，他绝对不会犯大意失荆州的错误。

第二节　司马懿会饶曹爽不死吗？

嚣张过头了，福分也就到头了。人活世上，绝大部分时候，仍须夹着尾巴过，否则，被收割的就不单是你的尾巴了。

曹爽的人马行至洛水浮桥北。

司马懿跪迎天子。他的身后，三千死士黑压压跪了一地。

小皇帝被迎进皇城。

司马懿站起来，他身后的三千死士也齐刷刷地站起，黑压压一片。

曹爽带着三兄弟走到面前，欲行跪拜之礼，司马懿双手扶住，面带微笑："大将军受惊，请回府歇息。"曹爽低头不敢看司马懿微笑的脸。

司马懿扭头看了一眼被押送的曹爽踽踽而行的身影，回过头来，看着面前不说话、只顾砰砰磕头的桓范。

"桓大司农，一向可好？桓大司农快快请起。我们都老啦，你看我，头发胡子都白啦；你看你，也头发胡子都白啦。我们之间，就不要这些虚礼啦。"

桓范低头："请老太傅降罪。"

"嗨，"司马懿摆摆手，"降什么罪，各有其心，各有其志，各为其主，如此而已。先回去歇歇吧。"

桓范到嘴的话咽了回去。他想为曹爽求情，可是又不知道这情从何求起；他想为自己求情，也不知道这情从何求起。

罢了。桓范努力把苍老的头颅仰得高高的。

刚回到家里，一家人忐忑间，皇帝诏书至：前恶不念，命他继续担任大司农。

桓范膝盖一软，绷得紧紧的神经终于彻底松懈。老太傅宽仁以待，我桓家谢天谢地。

桓府一片欢腾，每个人脸上都写满劫后余生的庆幸。

司马懿的面前，跪着平昌门守将司蕃。

"桓范怎么出的城？"

"桓大人口称奉圣旨出城。"

"你没有检验皇上诏书？"

"桓大人发怒，说我是他的故吏，不得嚣张，所以我不敢查验。"

"他还说了什么？"

司蕃偷眼看了看司马懿，吞吞吐吐："桓大人还说，还说太傅意图造反，要让我跟他一起去。"

"为什么你没有跟他一起去，反而来我这里出首桓大司农？"

司蕃不敢说自己其实已经跑了出去，就是没追上桓范的快马："太傅忠心昭日月，功德泽万民，绝不会意图谋逆，我不信，所以不肯跟他走。"

墙倒众人推，有时候众人推都不见得墙倒；但是关键时刻，一个人一指头就能把墙干倒了。

司马懿阴沉着脸："诬人以反，于法何应？"

身旁的主事官回答："科律，反受其罪。"意思是，依据律法，按他污蔑的罪名定他的罪。

那么，桓范就是谋反了。

司马懿转身走开，主事官心领神会。

桓范沐浴更衣，洗手焚香，准备完毕，等待任命书。结果，任命书没有等来，等来一队黑口黑面的官差。

领头官差二话不说，下令："绑了。"

桓范双膝发软，身体摇摇欲坠，狠命咬牙，才算站稳了身子。

"敢问差官大人，是否只绑我一人？"

官差不答。

桓府哭号声震天，无老无少，无贵无贱，桓府上下，都被绑成了粽子。

外面发生的一切，曹爽一无所知。

如今，他的宅院成了玻璃屋，全透明：司马懿征民夫八百人，连夜修了一座高墙，把曹爽府邸团团围起来。高墙四角建四座望楼，望楼上有人日夜监视，曹爽一举一动，尽收眼底。

于是，他家头顶上，二十四小时现场直播：

"前大将军往东南去。"

"前大将军站于院中。"

"前大将军如厕。"

"前大将军进东二间。"

……

这么损的点子，大约不是古稀之年的司马懿想出来的。此人虽阴，却不损。这更像一个恶作剧。而这种精巧的、顽童式的恶作剧，除了当今皇上，也没有人敢下令实施。司马懿向皇上痛陈曹爽作恶，曹芳还是小孩子，于是想了这么一出。

司马懿不折不扣地施行起来。

犯人也有隐私权的！但是曹爽就没有隐私权。曹爽当初有多嚣张，如今就要让他有多憋屈。曹爽当初有多气盛，如今就要让他有多气馁。最让人气馁的，就是剥夺一个人最后的尊严。

曹爽忧闷，头悬利剑，这种等死的感觉比死更可怕。于是他和兄弟们商议，给司马懿写信：

> 贱子爽哀惶恐怖，无状招祸，分受屠灭，前遣家人迎粮，于今未反，数日乏匮，当烦见饷，以继旦夕。

这封信的大意就是："我如今心里惴惴不安，因为自身言行招祸，照理是犯了该死的罪。前日派家人求粮，到现在也没有回来，而我们家里已经无米下炊。还请太傅给我们一点粮食，好让我们过日子。"

司马懿读信，大惊，立马复信：

初不知乏粮，甚怀踧踖。令致米一百斛，并肉脯、盐豉、大豆。

当这些物资随司马懿的信一并送到，曹爽兄弟欢欣鼓舞。又送粮又送肉，这是太傅大人要饶我们不死哪，谢天谢地。

第三节　鹰视，狼顾

其实，早在司马懿对着曹爽的背影冷冷一瞥的时候，曹爽的结局就已经注定，整个曹爽集团的人的命运也已经注定。所有和司马家族作对的人的命运也已经注定，不管他们是不是曹爽集团的人。

蛰伏已久，暴起必定噬人。斩草除根的道理司马懿太明白了。

也许起初他起兵为的是自保，但是在实施过程中，权力如血，鲜艳而美味，重新尝到，一定不会再放手了。

忍了这么多年，如今，是"鹰"该"扬"，是"狼"该"顾"了，不能让曹操给自己下的"狼顾之臣"和高堂隆给自己定的"鹰扬之臣"的评论落空啊。

他找来了卢毓。

卢毓，东汉大儒卢植的幼子。

建安十八年（213年），曹操封魏公，建魏国，卢毓升任吏部郎。

后来曹丕称帝，卢毓任黄门侍郎，后又先后出任济阴相和梁郡、谯郡太守。后因激怒曹丕，被降职为睢阳典农校尉。

魏明帝曹叡青龙二年（234年），入朝担任侍中。曹叡下诏说："量才而用，因才授职，这是贤明君主也难以完全做到的事，必须有良臣辅佐，才能保证官员能够适当地升降和替换。侍中卢毓，秉性贞渝，心平体正，可以说是一个不懈于位的有功之臣。因此我任命卢毓从现在起担任吏部尚书。"

景初三年（239年），曹叡病逝，太子曹芳继位。曹爽任命何晏代替卢毓典选举事，将卢毓调作尚书仆射。后又迁卢毓为廷尉，而当时司隶校尉毕轨又枉奏免官，卢毓和其他人都指责毕轨的行为，于是曹爽又迁卢毓为光禄勋。

简而言之一句话，曹爽得势，卢毓气闷。

司马懿这个会用人的人，此时让卢毓做了司隶校尉，专门查处曹爽谋反大案。

曹爽横行霸道有之，违法乱纪有之，任人唯亲有之，纵容属下有之，不尊先帝有之，祸乱宫闱有之，若要说他谋反，没有。他没有这个心胸，也没这个胆量。

但是，司马懿说他有，那就是有，没有也得有。

谋反大罪，祸延九族，如能扛住，没有谁肯说自己是要谋反的。哪怕自己一人死了，也不愿意牵连自己的亲人一起死。

卢毓抓了张当。

汉有黄门令、小黄门、中黄门等，侍奉皇帝及其家族，皆以宦官充任，故后世亦称宦官为黄门。张当是一个小黄门，卑微而善巴结，他看曹爽势大，从皇宫里偷运明帝曹叡的姬妾去曹爽的大将军府，给曹爽唱歌跳舞。

善巴结的人骨头也软，抽抽打打的，张当就招了。

但是，他招的这些，都不是卢毓和司马懿想要的，于是继续打。

张当继续招。招无可招的时候，猛然脑子里灵光一闪："曹爽跟何晏等人谋逆，私下练兵，要在三月中旬造反！"

好，卢毓终于点了点头。

签字，画押，收监，等杀。

曹爽、毕轨、邓飏、何晏、丁谧、李胜等人谋反"事实确凿"，大狱在向他们招手。

曹爽、毕轨、邓飏、丁谧、李胜统统下狱。

司马懿派人把被软禁的何晏带到自己面前，面容十分和蔼，语气十分可亲，请何晏帮忙，和卢毓一起查处曹爽、毕轨、邓飏、丁谧、李胜等人的谋反大案。

何晏直直地看着司马懿胡须猥集的嘴巴里，一个名字、一个名字地吐出来，声音和缓，听在他的耳朵里，却不啻响起一个又一个焦雷。马上，下一个就到我了……奇怪的是，司马懿居然打住了，没有说出自己的名字。

何晏心头狂喜，像有一大团烟花在半空中砰地爆开，激得他大口喘气。死里逃生的感觉真好！

当司马懿说要请他帮忙搜集证据的时候，他二话不说就答应了。

日以继夜，夜以继日，何晏手中的文字材料越叠越高，他似乎看见了自己不但平安，而且十分光明的未来。愚蠢而浅薄的世人，你们只道傅粉何郎，却不知道我何郎不光貌美，还有智慧。他自己十分佩服自己。

材料上呈司马懿，何晏小心地窥伺着司马懿的神色。

司马懿一点点翻看口供，看得很慢，很仔细——他本来就不是雷厉风行的做派，凡事都细而慢，软而稳。材料翻完，一上午就过去了。何晏这些日子吃不下睡不安，拼命搜罗证据，如今事情办完，发觉肚皮咕噜咕噜响得厉害。司马懿听见了，笑了："来人，给何大人上一碗羹。"

下人给何晏端来一碗葵菜羹。何晏有点咽不下去，司马懿看着他微微皱眉、勉强下咽的小表情：

"何大人受委屈了。我这里只有这些东西，你先垫补垫补，回你家再吃山珍海味吧。"

何晏的心像一个大铁锤，咕咚一声就放下了，砸得感觉地面都震了三震：回我家。啊，我可以回家了。

第四节　是非成败转头空

何晏真的是坏人吗？也许他只是没有摆正自己的位置，就像一盆花非得种在祭坛上。他本来是一个很好的人啊，只不过不适合从政罢了。而到了生死攸关的时刻，这朵花想的也是，别的花死不死都没关系，只要自己能活。

何晏谢恩，感激涕零，跪地叩头，地板被脑门砸得砰砰响。

司马懿笑着把他搀起来。然后，轻轻拍着厚厚的卷宗材料，自言自语："不对啊。"

何晏一惊："哪里不对？"

"参与谋反的，一共有八个家族，可是这上面只有七个。"

何晏一一细数："曹爽、邓飏、丁谧、李胜、毕轨、桓范、张当，是七个啊。"

"不对，八个。"

"太傅莫非是说，我也算一个？"

司马懿一笑："答对了。"

何晏双腿一软，眼前发黑，瘫倒在地。

当初，何晏、邓飏、夏侯玄都希望和傅嘏结交，可是傅嘏始终没有答应。他们便托荀粲去说合。

荀粲对傅嘏说：

"夏侯太初是一代俊杰，对您很恭敬，而您心里却认为他不行。如果能交好，就有了情谊；如果不行，就会产生裂痕。两位贤人如果能和睦相处，国家就吉祥。这就是蔺相如对廉颇退让的原因。"

傅嘏说：

"夏侯太初，志向很大，用尽心思去达到目的，很能迎合虚名的需要，确实是所说的耍嘴皮子亡国的人。何晏和邓飏，有作为却很急躁，知识广博却不得要领，对外喜欢得到好处，对自己却不加检点约束，重视和自己意见相同的人，讨厌意见不同的人，好发表意见，却忌妒超过自己的人。发表意见多，破绽也就多，忌妒别人胜过自己，就会不讲情谊。依我看来，这三位贤人，都不过是道德败坏的人罢了，离他们远远的还怕遭祸，何况去亲近他们呢！"

事实真按照他预料的轨迹发展了。

司马懿不想被人说滥杀无辜，所以他要严格走法律程序。

下一步法律程序就是"廷议"。在朝廷上，拿出曹爽等人的罪状，由官员们在朝堂上发表意见，讨论如何处置。

能如何处置呢？罪在谋反，头等大罪，不死不休。想必群臣也无二话，照理把罪犯夷了三族就是。

但是，司马懿却没有想到，太尉蒋济不干了。

他是司马懿的老朋友，两个人在一个战壕里并肩作战，此时却挺身而出保护曹爽。

一来是他写信给曹爽，劝他回来；也是他承诺，曹爽如果回来，太傅答应不杀他。如今，太傅不但要杀他，还要灭他满门。

蒋济很内疚，当初他与曹真交好，如今却害了曹真的儿子。

但是，谋反大罪，曹爽是救不下了，那么，按照曹真的功勋，还是留一点骨肉，不要让他这一门香火断绝了吧。他向司马懿请求。

怎么可能！司马懿这颗心在长久的政治和军事斗争中，在波谲云诡的百变形势中，早已经历练得黑硬瓷实。他不讲仁慈，没有普通人的纲常伦理、道德规范。他是能阴能忍的狠人。

所以，司马懿拒绝了：

"春秋之义：'臣下对君主、子弟对父兄，不可意图篡夺谋反，若有，必须伏法。'曹爽作为皇室一支，世蒙国恩，受先帝握手托孤、口授遗诏的厚遇，却包藏祸心，不顾自己顾命大臣的身份，跟何晏、邓飏、张当等人图谋篡位，桓范也是其党罪人，都应论'大逆不道'之罪，按律诛灭三族！"

217

悬在桓范和他的族人头顶的利刃，也终于从天而降。

但是，有一点，司马懿不搞连坐。

高平陵之变中，司马鲁芝斩关出奔高平陵，主簿杨综劝曹爽不可回洛阳，这些人，司马懿一律不追究责任，说是各为其主，理当褒奖，于是将这二人升官。

还有曹爽的堂弟曹文叔的妻子夏侯令女，曹文叔死后，断发明志，为夫守节，寄居曹爽府中。曹爽出事，夏侯家想接女儿回娘家，夏侯令女不肯回去，割了自己的鼻子。司马懿听说，特许夏侯令女领养孩子，以继曹家香火。

魏正始十年（249年）正月，洛阳北郊。

曹爽、何晏、邓飏、丁谧、李胜、桓范、毕轨、张当……一字排开，身后是被他们牵连的人。行刑人员依次将他们验明正身。

寒风扑面，霜雪连天。头顶的太阳散发不出一丝热力，曹爽哆嗦得稳不住自己的身子。恍然间，他似乎看到刀刃映着太阳发出的红光，下一刻，天旋地转，头颅落地。

三百多人。

三百多颗头颅。

三百多具无头尸。

血流成河，风声尖厉。

他们未必没有过自己的梦想，却在仕途上渐行渐远，渐渐忘了初心。他们未必不想成就一番宏图霸业，但是，命运化作一只名叫司马懿的铁拳，砸烂他们的性命。

是非成败转头空。

第五节　胆大、皮厚、坚忍

高柔进封万岁乡侯。他磕头拜受。

蒋济进封都乡侯。他力辞封邑，拒不受封。不久蒋济发病去世，谥景侯。真讽刺，生前不要爵位，死后也得封给你爵位。

胆大、皮厚、坚忍。成大事者，三者缺一不可。胆子不大，步就不敢迈；脸皮不厚，做不到食言而肥；心不坚忍，不能够行事稳当。司马懿三者俱备，所以他成了胜利者。

诸葛亮根本就是一颗心狠不起来，所以他当政的蜀汉，就连政治斗争都没有死过人，所以他败在了司马懿的皮厚上面。公孙渊胆大、心黑，但是，他没有司马懿那么多的心眼子。曹爽根本就是没胆的种子。

所以，他们都不行。

人性错综复杂，如一棵树种进光阴，有向上的枝枝权权，就有向下的根根须须。司马懿在三国群雄林立的大森林里，只不过是一棵二流灌木，谁也没想到，他底下竟然长着那么深长的根须。

所以，最后他胜利了。

司马懿这个人，先苦后甜，先抑后扬，一辈子阴沉、隐忍，一步步往上攀爬。如今，在血色洛阳，他成了万众举目仰望的存在。

有功之臣当得封赏，也都得了封赏。但是，似乎没有什么可以拿来封赏司马懿。他早已经位极人臣。

于是，百官上书奏请，封司马懿为丞相。

朝廷准奏。

司马懿固辞。

最早的丞相，有史可考的，是出现在秦悼武王二年（前 309 年），《史记·秦本纪》说：秦武王二年，"初置丞相，樗里疾、甘茂为左右丞相"。

《汉书》中记载：

> 相国、丞相，皆秦官，金印紫绶，掌丞天子，助理万机。秦有左右，高帝即位，置一丞相，十一年更名相国，绿绶。孝惠、高后置左右丞相，文帝二年复置一丞相。有两长史，秩千石。哀帝元寿二年更名大司徒。汉武帝元狩五年初置司直，秩比二千石，掌佐丞相举不法。

用一句话来概括：丞相协助皇帝管理一切军国大事，即所谓的"掌丞天子，助理万机"。

秦汉的丞相没有官品，但丞相是百官之长，官阶最高。

魏晋南北朝时期，九品官人法制度为每个官职设计了任用的资品要求，丞相官品为一品，需要由最优秀的人来担任。

汉末最后一任丞相是曹丕，他的父亲曹操也当过丞相；曹操之前，大名鼎鼎的董卓也当过丞相。

简直是太荣耀了。而且，还有那么一点点不可描述的感觉。

而且，颍川的四县封邑一并给司马懿，还允许他"奏事不名"，也就是上奏折时，可以不必称自己的名字。

那么，司马懿为什么要固辞呢？

> 彼黍离离，彼稷之苗。
> 行迈靡靡，中心摇摇。
> 知我者，谓我心忧；
> 不知我者，谓我何求。
> 悠悠苍天，此何人哉？

那不了解我的，总是在问我想要什么，他们都会尽力满足我；而那了解我的，却知道我满怀忧伤。

这大约是司马懿当时的心境了。

他想：我老人家活了这么大岁数，我是实实在在助朝廷平叛，我没有反心啊。

司马懿上书朝廷：

> 臣受先帝顾命，忧深责重。幸而仰赖天子之威，消除了奸佞。我这么做只是赎罪，所谓的功劳，根本不值一提。当今已设立三公，而重蹈秦汉的老路，复设丞相之职，就算它是为别人所设，我作为人臣也要谏劝阻止，更何况是为我而设呢？我若就丞相之位，那四海八方的世人，会怎样看待我？

司马懿人望之高，百官都不知道该怎么做才好，那就执拗地一劝再劝吧，可是司马懿前前后后十几道奏章，就是不肯。

第六节　不肖子孙，祸及先人

有的人拼了老命地想得到什么，却什么也得不到；有的人拼了老命地想推却什么，却总也推却不了。人生际遇其实变幻莫测，世人看着，只觉古怪奇异。

司马懿拼命推拒荣耀的结果，是年底的时候，朝廷给了司马懿两项特别待遇：一是朝会不拜，二是加九锡。

九锡（通"赐"）是中国古代皇帝赐给诸侯、大臣有殊勋者的九种礼器，是最高礼遇的表示。

记载见于《礼记》。

一曰车马。指金车大辂（车辕上用来挽车的横木）和兵车戎辂；玄牡二驷，即黑马八匹。其德可行者赐以车马。

二曰衣服。指衮冕之服，加上配套的赤舄（鞋）一双。能安民者赐之。

三曰乐县。指定音、校音器具。使民和乐者赐之。亦作"乐悬"。

四曰朱户。指红漆大门。民众多者赐之。

五曰纳陛。有两种说法。一是登殿时特凿的陛级，使登升者不露身，犹贵宾专用通道。二是阶高较矮的木阶梯，使登阶别太陡，这两种说法都不甚具体。能进善者赐以纳陛。

六曰虎贲。守门之军虎贲卫士若干人，或谓三百人；也指虎贲卫士所执武器，戟、铩之类。能退恶者赐虎贲。

七曰弓矢。彤弓矢百，玄弓矢千。指特制的红、黑色的专用弓箭。能征不义者赐之。

八曰斧钺。能诛有罪者赐之。

九曰秬鬯。指供祭礼用的香酒，以稀见的黑黍和郁金草酿成。孝道备者赐之。

所谓"九锡"，王莽、曹操、孙权都接受过，这里面的政治含义可太明确了，甚至于后世人把"九锡"当成了篡逆的代名词。因为至此已经加无可加，下面，就只有称帝或者子弟称帝这一途了。

朝廷之所以这么干，当然不是鼓励司马懿篡逆。但是，很明显，一方面觉得非如此不足以昭示司马懿的功劳；一方面觉得此前封赏都不如司马懿的意，所以要投其所好。一句话，此时的司马懿，跺跺脚，地动山摇。

还有一个根本的原因，就是大家都不明白，为什么司马懿要谋诛曹爽。曹爽并没有篡逆，他却诛杀了曹爽集团数百人。不惜连年诈病，在没有生命危险，也不必做困兽之斗的情况下，暴起伤人。

为什么？

说他不想大权独揽，简直都没有人信。

司马懿此人一生不务文学，也不喜表明心迹，荣辱在心，却不露于面，能显更能隐，所以也无法从他的片言只语中得其心志。所以，只能揣想一下：

他一生都活在"待罪舞阳"的战战兢兢的心态之下，对于当时官场的黑暗面，有最深厚的认知。所以他一开始不想涉入官场，无可推却的时候，他就真的行走官场，如行走薄冰。所以，他一生都在忍。

但是，在需要他狠毒的时候，他的狠毒是不打折扣的。

和诸葛亮是对外的战争，和公孙渊是绥靖的战争，和曹爽是一场内战。毛毛虫也能忍，它忍是因为它不能反抗，所以不得不忍；司马懿不是毛毛虫，他能忍，是因为他忍而有所图谋，将来有一天，他一定会有仇报仇，有怨报怨。

而且，再说得高尚一点，他终其一生，其实都是魏臣，所以对于魏国的前途有着他的忧国忧民的情怀。曹爽很明显是把持朝政，祸乱朝纲，所以，清君侧估计确实是他的首要目标。

至于他想要谋朝篡位，我觉得他没有这个想法。纵观司马懿一生，他不曾倒行逆施，是他的儿子灭魏立晋。不肖子孙，祸及先人。

于是，司马懿再次上书固辞："太祖皇帝（指的是曹操），是因为有大功德，汉室对他备极尊崇，所以加九锡。这不是常例，不是后代君臣可以轻易效仿的事。"

可以说，司马懿在世时，在魏国威望相当高。他死后，毌丘俭、文钦讨伐他的大儿子司马师，檄文中仍旧是这样的话："故相国懿，匡辅魏室，历事忠贞。"赞誉之情溢于纸外。史书上说他使"天下欣赖""天下大悦"。

司马懿的名声毁败，在他身后。不肖子孙自相残杀，连绵浩劫，死后的司马懿渐失人心，在人们心中地位逐渐下降。

自古人心难测，同样的一个人，同样的一件事，会随着时间的流逝，蒙上不同的色彩。

司马懿一生不剖白自己，死后也没有留下剖白自己的文字。身后际遇，自然随人心喜恶而发挥。到了《三国演义》之后，在尊刘贬曹的大宗旨下，就成了一个漫画式的、画着大白脸的老奸贼。

第十四章

念去去，千里烟波

第一节　人在江湖，身不由己

公元211年，当时曹操已经统一了北方，政权也比较稳固。随着势力不断扩大，曹操和朝廷内部拥汉派的矛盾也是越来越大。曹操的内敌、外敌都攻击他想要废汉自立的举动，在这种情势下，曹操写下了一篇文章。大意是：

我被举为孝廉时，年纪很轻，自以为不是那种隐居深山而有名望的人士，恐怕被天下人看作是平庸无能之辈，所以想当一个郡的太守，把政治和教化搞好，来建立自己的名誉，让世上的人都清楚地了解我。所以我在济南任国相时，开始革除弊政，公正地选拔、推荐官吏，这就触犯了那些朝廷的权贵。因而被豪强权贵所恨，我恐怕给家族招来灾祸，所以托病还乡了。

辞官之后，年纪还轻，回头看看与我同年被荐举的人当中，有的年纪已五十多岁了，还没有被人称作年老。自己内心盘算，从现在起，往后再过二十年，等到天下安定太平了，我才跟同岁中那些刚被举为孝廉的人相等罢了。所以返回家乡，整年不出，在谯县东面五十里的地方建了一栋精致的书房，打算在秋夏读书，冬春打猎，只希望得到一点瘠薄的土地，想老于荒野、不被人知，断绝和宾客交往的念头。但是这个愿望没能实现。

后来我被征召做了都尉，又调任典军校尉，心里就又想为国家讨贼立功了。希望得到封侯，当个征西将军，死后在墓碑上题字说："汉故征西将军曹侯之墓。"这就是我当时的志向。然而遇上董卓犯上叛乱，各地纷纷起兵讨伐。这时我完全可以召集更多的兵马，然而我却常常裁减，不愿扩充。所以这样做，是因为兵多了意气骄盛，要与强敌抗争，就可能重新引起祸端。所以汴水之战时，我部下只有几千人，后到扬州再去招募，也仍不过三千人，这是因为我本来的志向就很有限。

后来我担任兖州刺史，击败了黄巾农民军，收编了三十多万人。再有袁术在九江盗用皇帝称号，部下都向他称臣，改称城门为建号门。衣冠服饰都按照皇帝的制度，两个老婆预先抢着当皇后。计划已定，有人劝说袁术立即登基，向天下人公开宣布。袁术回答说："曹公尚在，还不能这样做。"此后我出兵讨伐，擒拿了他的四员大将，抓获了大量部属，致使袁术势穷力尽，瓦解崩溃，最后得病而死。待到袁绍占据黄河以北，兵势强盛，我估计自己的力量，实在不能和他匹敌。但想到我这是为国献身，为正义而牺牲，这样也足以留名后世。幸而打败了袁绍，还斩了他的两个儿子。还有刘表自以为是皇室的同族，包藏奸心，忽进忽退，观察形势，占据荆州，我又平息了他，才使天下太平。自己当上了丞相，作为一个臣子已经显贵到极点，已经超过我原来的愿望了。

今天我说这些，好像很自大，实是想消除人们的非议，所以才无所隐讳罢了。假使国家没有我，还不知道会有多少人称帝，多少人称霸呢！可能有的人看到我的势力强大，又生性不相信天命之事，恐怕会私下议论，说我有夺取帝位的野心，这种胡乱猜测，常使我心中不得安宁……

……但要我就此放弃所统率的军队，把军权交还朝廷，回到武平侯的封地去，这实在是不行的啊。为什么呢？实在是怕放弃了兵权会遭到别人的谋害。这既是为子孙打算，也是考虑到自己垮台，国家将有颠覆的危险。因此不能贪图虚名而使自己遭受实际的祸害。这是不能干的啊。先前，朝廷恩封我的三个儿子为侯，我坚决推辞不接受，现在我改变主意打算接受。这不是想再以此为荣，而是想以他们作为外援，从确保朝廷和自己的绝对安全。

……现在天下还未安定，我不能让位。至于封地，可以辞退一些。现在我把阳夏、柘、苦三县的二万户赋税交还给朝廷，只享受武平县的一万户。姑且以此来平息诽谤和议论，稍稍减少别人对我的指责吧！

这篇文章名《让县自明本志令》。建安十五年（210 年），曹操五十六岁时，孙、刘政权抨击曹操"托名汉相，实为汉贼"，"欲废汉自立"，曹操发布这篇令文，借退还皇帝加封三县之名，表明他的本志，反击朝野谤议。

这里之所以大篇幅录入，实在是司马懿和曹操，确实曲不异而同工。唱的差不多的调，只不过一个本事大些，一个本事小些；一个胸怀大些，一个胸怀小些；一个个性张扬些，一个个性隐忍些。在世人心目中，一个是大奸臣，一个是二奸臣。

其实，走到最后，概括起来都是八个字：人在江湖，身不由己。

不能退步转身，已经架上高台，那就只能继续走下去。

所以司马懿继续走下去。

第二节　继续收拾曹氏集团

曹爽覆灭了，但是还有一个人：夏侯玄。

曹氏与夏侯氏是天然的盟友，天然的亲密关系。

曹操之父曹嵩是宦官曹腾的养子，曹嵩之前究竟姓曹还是姓夏侯，这一点历史学家的争议非常大。

曹操是曹参之后，传说其祖父本姓夏侯，为曹氏收养，遂姓曹。如果曹操本来确实姓夏侯，那么夏侯惇是他的堂兄弟，夏侯楙是从子兼女婿；夏侯渊是族兄弟，夏侯衡是从子兼侄女婿，夏侯尚是族子兼族女婿，而夏侯玄是夏侯尚的儿子……

就算曹操不是夏侯家的人，夏侯家与曹家也是世代通好，互有姻亲的关系，夏侯玄是曹爽的表弟。

曹爽伏诛，他的表弟手握重兵，在千里之外。

当初曹爽为了伐蜀，调夏侯玄去当征西将军、假节都督雍凉诸军事。天高路远，他既不知道，也没参与高平陵政变。

司马懿调夏侯玄回了都城，任大鸿胪，掌管诸侯及少数民族事务——一介文职，枪杆子被司马懿缴了。

要枪还是要命？夏侯玄既不是无脑粗人，也不是特有心机的人，他形象美好，行动也中庸，交了兵权，回了洛阳，安心做他的大鸿胪去了。

安不安心，别人不知道，司马懿最知道。我有足够的理由相信他的眼线遍天下，夏侯玄的一举一动，不会不在他的眼皮子底下。

后来夏侯玄又改任太常，负责宗庙祭祀，九卿之首，地位尊崇，却没有丝毫实权。

至于夏侯玄的兵权，他交给了心腹郭淮。

这是一个老将，分别在曹真、司马懿和夏侯玄手下工作，如今终于自己坐拥一方。夏侯霸如今就在他的手下。夏侯霸是夏侯玄的叔叔、曹魏名将夏侯渊之子，现任征蜀护军。这是一员猛将，当年曹真伐蜀，只有他跟蜀汉军队交过手。

他害怕被迫害，毕竟司马懿恶名在外，斩草除根，屠城杀人。又加上郭淮这个上司无日无夜地震慑，于是他逃了，投奔蜀汉。

当初他的父亲夏侯渊被蜀汉阵营的黄忠砍了头，但是他顾不得了。单人匹马，一路向南，进入蜀汉边境。

"噫吁嚱，危乎高哉！蜀道之难，难于上青天！……西当太白有鸟道，可以横绝峨眉巅。地崩山摧壮士死，然后天梯石栈相钩连……"李白如椽巨笔，写出蜀道之难。读它的人尚且触目惊心，就连现在的有名的盗墓小说，都不约而同地把故事发生地点设置在茫茫秦岭，因为这里足够吓人。

夏侯霸都不知道怎么过来的，当他被蜀国山民发现，回想流浪的日子，恍如梦中。

蜀汉后主刘禅亲自接见了夏侯霸。

这个仁厚的蜀汉天子十分抱歉："令尊当年不幸遇害，不是我的父亲亲自动的手，希望你不计前嫌。"又指了指自己的儿子："这是你的小外甥。"

刘禅娶了张飞的女儿，而张飞的妻子是夏侯霸的堂妹。当年小姑娘独自出来打柴，被张飞抢回去结为夫妻。张飞这家伙，还干过这种见色起意的事。

有一个很有趣的说法，说刘、曹、孙、司马四大家族，有着复杂姻亲关系，大家打来打去，其实是家族内战。无论怎样，夏侯霸从此归降蜀汉，任车骑将军，受后主重用。

司马懿不认为值得忧心。夏侯家族和曹氏家族，都掀不起什么风浪来了。

正始十年（249年）四月，少帝改年嘉平元年。

世界太平啦，可以安享尊荣啦。

事实真的是这样吗？

第三节　箭在弦上

赠白马王彪·并序

曹植

黄初四年五月，白马王、任城王与余俱朝京师，会节气。到洛阳，任城王薨。至七月，与白马王还国。后有司以二王归藩，道路宜异宿止。意毒恨之。盖以大别在数日，是用自剖，与王辞焉。愤而成篇。

谒帝承明庐，逝将归旧疆。清晨发皇邑，日夕过首阳。伊洛广且深，欲济川无梁。泛舟越洪涛，怨彼东路长。顾瞻恋城阙，引领情内伤。

……

时代迈进到小皇帝曹芳的时代。曹植已死，但是他的诗长存。这首诗的序里，包含着一次死亡、一场别离。

黄初四年（223年），曹植和他的同母兄任城王曹彰，以及异母弟白马王曹彪一道来京师洛阳参加"会节气"的活动。

其间，"武艺壮猛，有将领之气"的曹彰突然暴死，据《世说新语·尤悔》篇记载，曹彰是被曹丕毒害。

会节气过后，诸侯王返回各自的封地。弟兄三人一块来的，如今回去的却只有两个人，曹植心里已经非常难过；更没想到朝廷还派了一名监国使者，沿途监视诸王归藩，并规定诸侯王在路上要分开走，限制他们接触，曹植越发难堪和愤怒。

曹植百感交集，于是写出这首传诵千古的名诗《赠白马王彪》。

如今，曹植已死，曹彪还在。就算他在一个被遗忘的角落，他也是小皇帝曹芳的爷爷辈，曹魏皇室，地位尊贵。

他的封国在兖州令狐愚的地盘。

令狐愚是大司空王凌的外甥。

王凌是当年主持刺杀董卓的汉朝司徒王允的侄子。董卓部将李傕、郭汜等为董卓报仇，在长安杀了王允的全家。王凌和哥哥王晨当时年龄尚小，翻城墙逃跑。后来和司马懿的哥哥司马朗等人结为好友，再后来举孝廉，出任发干长，后因罪获髡刑，发配扫大街。

扫大街时，恰逢曹操巡察，见此人相貌不凡，细问得知是王允的侄子，当即解除他的劳役，委以骁骑主簿之职。再后来做到中山太守，再后来出任丞相掾属。

曹丕称帝，王凌出任兖州刺史，一方大员。此后多次地跟东吴打仗，屡立战功。

曹芳即位，曹爽做了大将军，使出浑身解数拉拢王凌，任命他为征东将军，假节都督扬州军事。

魏正始二年（241年），吴国大将全琮领数万人马进攻芍陂，王凌率诸军奋战数日，吴军退走，他晋封南乡侯，不久迁车骑将军，仪同三司，食邑一千三百五十户，又迁升车骑将军、仪同三司。

正始九年（248年），他代高柔成为司空。

曹爽死后，司马懿问蒋济："王凌的才干怎么样？"

蒋济回答说："王凌文武双全，当世无双，其子王广有大志，胜父一筹。"

司马懿没再说话，眼睛眯了一下。

回到家，蒋济忽然意识到什么，捶胸顿足，悔不当初："我一句话说错，有人要被灭族了！"

事实上，蒋济似乎多虑了。蒋济去世后，司马懿把空出来的太尉的位置给了王凌。

可是，如果站在王凌的角度想，蒋济又没有多虑。

王凌是曹魏天下的四代忠臣，和司马懿同为老臣，比司马懿还大上好几岁，而且手握重兵。对于司马懿屠杀曹家重臣，朝堂上挟持皇帝，他极为不满。当初如果曹爽肯听桓范的话起兵，就算别人都袖手旁观，王凌也会举兵响应。惜乎曹爽草包，枉丢性命。

王凌想到了自己的外甥——兖州刺史令狐愚。自己统率扬州军队，外甥统率兖州军队，可以合成一只粉碎司马懿的铁拳。

皇帝太小，易受挟持，不如另立新君。

王凌和令狐愚想到了曹彪。

嘉平元年（249年）九月，令狐愚派亲信张式到曹彪家去，以监察亲王为名，对曹彪说："令狐使君向大王致意，天下的事情还不知道会怎样，希望大王珍重！"

曹彪心里雪亮，明镜一样。他的身上也流着曹操的枭雄血。

王凌派人到洛阳告诉他的儿子王广，自己如何打算，王广好一番苦口婆心地劝阻。《资治通鉴》中记载了这样一段话：

广曰："凡举大事，应本人情。曹爽以骄奢失民，何平叔虚华不治，丁、毕、桓、邓虽并有宿望，皆专竞于世。加变易朝典，政令数改，所存虽高而事不下接，民习于旧，众莫之从，故虽势倾四海，声震天下，同日斩戮，名士减半，而百姓安之。莫之或哀，失民故也。今司马懿情虽难量，事未有逆，而擢用贤能，广树胜己，修先朝之政令，副众心之所求。爽之所以为恶者，彼莫不必改，夙夜匪懈，以恤民为先，父子兄弟，并握兵要，未易亡也。"凌不从。

箭在弦上，王凌一个字都听不进。

第四节　开得不那么幽默的玩笑

世情世事，说不得的就是"顺理成章"这四个字。没有那么多的理可顺，没有那么多的事有章可循。意外和成功，你永远不知道哪个先来。

嘉平元年十一月，令狐愚病死了。

真意外。

更意外的是令狐愚刚死，王凌的心腹杨康就趁在京城办事的机会，将王凌和令狐愚的计划出卖给高柔。

高柔立马报告给司马懿。

司马懿脸上不见喜怒。他慌张不起来，尸山血海、阴谋诡计，经历多了，就会不由自主地做出种种推测，再在推测基础上，考虑出种种预案。

如果说提拔王凌做太尉是怀柔，事实上，早在蒋济评价王凌的时候，王凌就已经成为司马懿的防范对象。

仅凭杨康的密报，构不成完整的证据链，所以，王凌这条线不能动，要让他自己暴露出来。所以杨康被关押，做好防范，不得走漏风声。

令狐愚死后，朝廷派黄华接任兖州刺史。此人名不见经传，与司马懿也查找不到半点联系。既无背景，又无实力，也没有拿得出的关系和人脉。王凌对他既放心，又轻视。

嘉平三年（251年）正月，孙权渐感岁月无多，怕自己死后，魏国趁火打劫，下令在涂水下游构筑堤坝，堵得上游水倒灌长江，淹没了长江北岸的大片土地。

长江天险更加宽阔，魏军轻易不能渡河攻击。

王凌上表，请求讨伐吴国。前提是要有统兵"虎符"，好调动大军。

上疏被司马懿驳回。兵符在手，你搞军变，我怎么办？

王凌一忍再忍，如今忍无可忍——他没有司马懿的忍功。世上能有司马懿的忍功的人，少得可怜。

于是，派心腹去见黄华，打算说服黄华，和自己共同举事，共同推翻司马懿。

他根本不知道，派黄华来任职的就是司马懿。老而不死是为贼，司马懿是贼中之贼。

杨弘见到黄华，也不知道他怎么劝的黄华，结果却被黄华劝得反水，杨弘和黄华联名上奏王凌谋反之事。

时机终于成熟了。

嘉平三年（251 年）五月初二，年迈的司马懿亲自率数万大军，自水路南下。

短短数天，大军已经开到了百尺堰，距离扬州治所寿春只有两三天行程。

大兵压境，王凌蒙了。

一无援手——杨弘还没回来，他还不知道杨弘反水的事；二无虎符——调兵不成。他手下能够指挥得动的，只有区区万人。至于楚王曹彪，都还没来得及把他的大旗高高竖起来。

至此，只有鱼死网破，拼死一搏。

但是，天子诏书来了。

诏书上痛斥他以下犯上，不听号令。但是，"谋逆"这个字眼根本没有出现。而且诏书等于赦书，把他数落一番后，诏书上的这些罪过，又都给赦免了。

与天子诏书一同抵达的，是司马懿的私人信件。信上说天子生气，派我讨逆，王师已至，我是想对你网开一面，至于你怎么做，自己看着办。

典型的司马懿的手腕。此人永远都在琢磨着用最小的投入，获取最大的产出。他对抗诸葛亮，是把诸葛亮活活耗死的。他不热血沸腾，永远阴险而冷静：能不动手的时候，为什么一定要打呢？

王凌好矛盾。

朝廷是不知道我打算另立新帝的，那我要不要鱼死网破呢？

结论是不要。

王凌写请罪表，坐上小船，把自己捆成粽子，去往百尺堰。

到司马懿大船前，王凌对司马懿喊："我如有罪，公可用半片竹简召回，何苦亲自率领大军前来？"

司马懿回答："因为你不是我能用半片竹简就能召回来的人。"

王凌一愣，知道自己谋反的事泄露了。普天之下，莫非王土。率土之滨，莫非王臣。一纸诏书能召回全天下的人，但是，召不回谋逆造反，不拿皇帝当皇帝的人。

那么，司马懿的信，写得诚挚恳切，说是网开一面，全是骗人的。

王凌喊："太傅对不起我。"

司马懿说："我宁可对不起你，也不能对不起陛下。"

军士一拥而上，拿下王凌。这场讨贼平叛，就这么风平浪静地结束了。

像一个开得不那么幽默的玩笑。

第五节　把自己杀老了

未到死路，人人都不怕死。死到临头，人人都怕死。

王凌被从陆路押送回洛阳。到项城时，像曹爽当年向司马懿要米面粮油过活一样，他也试探性地向押送他的士兵要钉棺材的长钉。

士兵请示司马懿，司马懿冷淡地说："给他。"

王凌经过贾逵庙前。贾逵，魏国功臣，其心大忠，死后谥肃侯。他一生忠于曹魏，重病中还对左右的人说："我受国厚恩，恨不斩孙权以下见先帝。丧事一概不得有所修作。"他就任的豫州吏民为了追思他，专门刻石立祠。

青龙年间，魏明帝曹叡东征，乘辇入贾逵祠，颁发诏令说："逵存有忠勋，没而见思，可谓死而不朽者矣。其布告天下，以劝将来。"

王凌对着贾逵的庙大叫："贾梁道，只有你知道，我王凌是大魏忠臣！"

公平地说，王凌反的不是魏国，不是皇帝曹芳，而是司马懿。他是为国锄奸，惜乎不如奸贼奸的段位高，悄悄被拿下了。

当夜，他说："我都快八十了，竟然身名俱裂了！"然后饮药自尽。鸩药谁给的？想必不是司马懿。他需要把王凌绑缚王城，大张旗鼓地审罪、判刑、执行，而不是让他自尽。所以，王凌是有所准备的，鸩药应当是他事先就藏在了身上。

兴兵起大事，刀尖上舞蹈，成败一线间，既是敢做，便是能当。

得知王凌自尽，司马懿神色不动。

还有很多后续的工作要做。简单地说，就是斩草要除根。

令狐愚活着的时候，是派一个叫张式的人向白马王曹彪传话，密谋造反的。王凌死后，张式自知难免，向司马懿自首，争取宽大处理。有这个突破口，下面的事情就好办得多了。

令狐愚有两个心腹，他和王凌密谋时，这两个心腹都在场。一个是告密的杨康，另一个叫单固。

单固的父亲跟令狐愚是故交，令狐愚征召单固当幕僚，单固拒绝。令狐愚三顾茅庐，他母亲劝他出山，单固这个孝子无奈从命。令狐愚一死，他就辞职回家，侍奉母亲。

这下子，顺藤摸瓜，把单固给抓了起来，绑缚去见司马懿。

司马懿问："你知道为什么抓你吗？"

单固说："不知道。"

司马懿说："远的不说，我就问你最近发生的事，令狐愚有没有造反？"

单固说："没有。"

司马懿派人去提杨康，杨康所说，事事单固都知情。于是单固全家被抓，个个都受拷打，单固本人也被拷掠数次，可单固咬紧牙，就只有两个字："没有。"

司马懿让杨康和单固对质，单固无话可说，大骂杨康："老奴才，你辜负了令狐使君，又灭了我满门老小，你以为你就能活吗？"

廷尉让他见了见他的老母和妻子，单固见了母亲，不肯抬头，母亲知道他惭愧，一字一顿，慢慢地说：

"恭夏儿子，你本来是不愿意出去做官，是我让你去的。既然做了人家的门吏，就应当这样做。从此咱们家门户绝灭，我也不恨你，你有什么话，也对我说说吧。"

单固自始至终头也不抬，一言不发。

至于杨康，当初还想着因为揭发此事，可得封赏拜官，后来也一并被处斩。临刑时，和单固一起被提出监狱，单固骂他："老奴才，你是该死。如果死后有知，我看你有什么面目行走在地下。"

手起刀落，贤愚不肖，一并冰消。

王凌、令狐愚的嫡系人马，悉数命殒洛阳刑场。

同人不同命，另一个背叛者杨弘，和黄华一起被册封为乡侯。

王凌和令狐愚的坟墓被挖开，暴尸三日。

人头滚滚落地，反贼被斩草除根，司马懿再次用强有力的手段，威震曹魏。

大臣震恐，纷纷向老太傅表达忠心，再次请命皇上，任命司马懿为相国，安平郡公。

公、侯、伯、子、男，五等爵位中，公爵最尊。作为异姓大臣，能封为公，他是绝无仅有的一个。而相国一职，是当年曹操独霸汉室时，独享的尊荣。如今两项顶级尊荣加身，司马懿成了大一号的曹操。

但是，司马懿再次辞谢了。

活到他这个地步，荣誉、爵位都不重要了。

他其实一直生活在恐惧之中，怕被上司猜忌，怕遭同僚踩踏，怕被下属反叛，怕不能保全司马家。就像一个船夫，驾着小船，穿行在茫茫大海，风浪滔天，阴风怒号，恶鬼横行。不想被杀，只能杀人。

杀来杀去的，就把自己杀老了。

第六节　大梦从此觉

人不是无根无绊、无芽无叶、孤悬天地的生物，人天生有亲缘性和社会性，天然地就会想到护佑家族、护佑子弟儿孙。越到老来，这种愿望越强烈。怎么才能让司马家族运行得更安全、更平稳呢？

王凌死，太尉空，他让三弟司马孚做了太尉。

儿子司马师被任命为卫将军。

儿子司马昭被任命为安东将军。

楚王曹彪被赐死，他的家族子女贬为庶民，迁到平原郡软禁。

所有曹魏宗室亲王全部迁到邺城。司马懿第五子司马伷被任命为宁朔将军，专门负责监管他们。皇室贵胄分分钟变成阶下囚。

司马懿夙兴夜寐，不敢歇，不能歇。

天子曹芳策命司马懿为相国、封安平郡公，孙及兄子各一人为侯。至此，司马懿前后累计食邑五万户，司马家族封侯者十九人。

势焰盛处，天火烧山。

司马懿力辞，不就相国与郡公之位。

司马懿这么多年打拼，是为的曹魏皇室吗？好像是的。

是为的司马家族吗？那铁定是。

他既不想让从曹操传到曹丕、从曹丕传到曹叡、从曹叡传到曹芳的魏室正统中断，更不想让自己的家族子弟横遭毒手。长久劳心，亏得此人钝感，否则敏感脆弱，日日睡不好觉，恐怕早早就熬死了。

但是，此时他也终于油尽灯枯。

过去做的事，桩桩件件找上门。

这天，司马懿夜做一梦。此事载于正史《晋书》，可信度颇高："（嘉平三年）六月，帝寝疾，梦贾逵、王淩为祟，甚恶之。秋八月戊寅，崩于京师，时年七十三。"帝，即指的司马懿，因被其孙晋武帝追谥为宣帝，故有此称。

司马懿一生卧床三次。一次是在曹操时代，装病装了足足七年；一次是在曹芳时代，装病装了两年多。如今，他不是装病，是真的病了。时衰鬼弄人。至于是真鬼还是疑心生出来的暗鬼，就不得而知。

司马懿一颗心阴深如海底，供人揣摩处多，却没有标准答案。

这次的病，也是心里一口气松下来的缘故。敌人都已经剪除，曹魏皇室退缩得渺不可见。

"七十三，八十四，阎王不叫自己去。"这是民间俗话，不知道那时候有没有，但是，司马懿也真到了这个坎。他的大限将至。

盘算一生，从一个名不见经传的小卒子，到最后权倾朝野的最大号重臣，一步步看似侥幸，实则呕心沥血。

但是，这些功业他都不稀罕。他稀罕一个能够知他、懂他的人，可是没有。

他的妻子已死，侍妾中的柏夫人他虽喜欢，但是和他不在一个水平上。

他的朋友？到了这一地步，哪里还有什么朋友。好像他一直就没有什么铁哥们。曹操还为了典韦之死痛哭流涕，司马懿连为谁哭的记载都欠奉。一个冷心冷情的人。

人是不能没有朋友、亲人、爱人的，有一句话说"人是社会关系的总和"。人与人之间的关系固然重要，可以对人在社会上的位置有一个准确的定位。比如，在夫妻关系、上下级关系、父子关系中，你的定位可能是一个丈夫、一个上司、一个父亲。可这些关系，又怎么能定位你的爱情、亲情、友情？

感情不能定位，却是人活着最微不可见又最不可或缺的东西，就像水和空气。

病床上的司马懿，心里空空如也。不是夜静春山空的空，那样的空里有意思；是千山鸟飞绝，万径人踪灭。

他的一生少有眼泪。一个干枯、夯实、隐忍、残忍、孤单的人生，多么没意思。

他的君王、下属、朋友、敌人、亲人、陌生人，死了那么多，尸骸累积，托着他一步步往高里去。死到最后，他早已经忘了这些人怎么死的，又为什么死。

司马懿叫来司马师和司马昭，立下遗嘱：

> 吾事魏历年，官授太傅，人臣之位极矣；人皆疑吾有异志，吾尝怀恐惧。吾死之后，汝二人善理国政。慎之！慎之！

这句话出自《三国演义》，未必可信，但是，这也算是懂了司马懿这个人。他其实未曾有什么异志，希望两个儿子在他死后也要好好治理国家，不要胡来。

至于此后司马昭篡魏立晋，真不是他之所愿。他的三弟司马孚，辞而不做晋朝的官，也告诫子孙不可做晋朝的官。司马懿和司马孚哥儿俩的头脑里，曹魏还是很重要的，需要忠诚以待。

嘉平三年八月戊寅（251年9月7日），司马懿在洛阳去世，享年七十三岁。

当年九月庚申，司马懿被葬于河阴首阳山，谥文贞，追封相国、郡公。

司马孚秉承他的遗愿，辞让郡公和殊礼，遗命简葬，作顾命三篇，敛以时服，不坟不树，不设明器。谥号后改为文宣。但《三国志》和《晋书·文帝纪》均记载谥号为"宣文"，故多以后者为准。

同年十一月，有司奏请将各位已故功臣的灵位置于魏太祖庙中，以配享祭祀，排位以生前担任的官职大小为序。太傅司马懿因位高爵显，列为第一。

人生如一梦，大梦从此觉。

滚滚长江东逝水，浪花把这个轻量级的"英雄人物"也带走了。他的灵魂好像一颗光溜溜的鹅卵石，很不起眼地躺在历史的河岸，偶尔被人捡起看看，随后又扔回去；有时也会被人捡起来，撇向水面，打起一溜小小的水花，然后发出小小的咕咚一声，继续沉底。

那么多光亮耀眼的人物，他在其中并不突出。但是，时代迈进到现在，司马懿反而愈来愈受到重视，以往的电影、电视剧，他出现的时候，都是实打实的反派，如今他的形象却愈来愈有血有肉地丰满起来，给人亦邪亦正的感觉。

无论怎样，历史长河中，每个人都曾经有血有肉地活过，最终却变成了一个名字。名字背后有着无数的故事，犹如其身后留下的一地黑黑白白的瓜子皮。人生况味人家自己去经历，我们只负责看着这一地的瓜子皮，兴致盎然地编故事，故事里有我，故事里有你，那最不重要的，反而是司马懿的影子。

第十四章　念去去，千里烟波

尾　声

一出大戏总有余音，一轮波涛总有余沫，历史故事不会随着历史人物的死亡而结束，时间永远不会是一个句号，只能是一个又一个的省略号。

司马懿死后一年，东吴孙权也去世。诸葛恪总揽朝政，兴重兵进攻曹魏，被司马师打败。

司马师做派霸道，天子曹芳试图以夏侯玄代替司马师。事发，夏侯玄等参与其事者皆被夷三族。曹芳被废，司马师拥立十四岁的曹髦做天子。

毌丘俭、文钦发动兵变，反对司马师，被司马师镇压。毌丘俭战死，文钦父子逃亡东吴，两家人皆遭屠戮。

这是继王凌之后淮南的第二叛。

次年，文钦的儿子文鸯强袭司马师大营，司马师的眼睛上有肿瘤，眼珠震出眼眶，活活疼死。

诸葛诞再次在淮南兴兵，东吴派出文钦援助诸葛诞。司马昭围城。诸葛诞由于内讧，杀死文钦。司马昭趁机攻城，斩诸葛诞，夷三族。淮南三叛全部结束。

天子曹髦封司马昭为晋公，却又暗中谋划除去他。血气方刚的少年天子乘车率兵，要攻击司马昭，被贾逵之子贾充指挥部下成济杀死。

司马昭把替罪羊成济夷三族，立曹奂为帝。

司马昭派钟会、邓艾二人伐蜀。263 年，蜀汉灭亡。

司马昭死，其子司马炎继承父志。265 年，让曹奂禅位给自己。曹魏灭，晋朝立，史称西晋。

司马懿的弟弟司马孚痛心疾首。

280 年，晋朝消灭东吴，统一全国。

司马懿被追封为晋宣帝，被默认为晋朝的奠基者——他一生不曾反魏，最终死后做了皇帝。

乱世命运，变幻莫测。

司马懿对九锡、相国、丞相、郡公之类荣誉和职位一律推辞，就算装吧，他也装了一辈子，努力藏着他的狐狸尾巴，没有露出来。

既然他装也装了一辈子，到死也藏好了他的尾巴，为什么不能给他定义为一个差不多的人呢？就像孔子的六世孙子顺说的"人皆作之。作之不止，乃成君子；作之不变，习与体成；习与体成，则自然也"。

司马懿在处理公孙渊、曹爽、王凌时，杀戮太重。这好像是曹魏的传统。从曹操开始，就一直重杀戮立威。刀光剑影中的司马懿，眯着眼，脸色阴沉，那一刻，煞神附体。

诸葛孔明得其人不得其时，司马懿得其时也，亦得其人。所以天时地利人和，诸葛亮占了一样人和，司马懿却三样都占了。所以，他赢了。

诸葛亮是穷则吟咏啸傲，达则济世利民；司马懿穷则独善其身，达了，他也独善其身。所以说，此人自私自利。

他更符合普罗大众的人性。

但是，他又有超越普罗大众的忍功与狠决，所以他不再是路人甲和乙，而成了司马懿。

在一个不那么光明正大的时代，他顺应潮流，做了一个很不光明正大的人，所以他活了下来。也带着他的整个家族活了下来。

也正是因为他很不光明正大，所以他的家族也没道理光明正大。

人性影响了历史，历史扭曲了人性，两者互为作用，纠结成一个麻花，历史就在这种滑稽的扭麻花一样的滚动中，继续向前。

忘了哪本书里写的了："文明的背面，就是黑暗冰冷与杀戮，文明就像是生长在尸山血海之上的这朵娇艳的花，尸体与鲜血是它的养分，它又反过来粉饰这尸山血海。你所看到的，你所听到的，你所记住的，你所知道的真相，都是经过他们精心粉饰，想让你看到、听到、记住的真相，而真正的真相，或许就像这娇艳花朵下的尸体一般丑陋。"

这本书原本也不是替这个民间公认的奸贼翻案，只不过想还原一个二流人物的一流人生。在他这段七十余载的人生里，总有东西值得我们做些许回味。